素直な心

五井昌久講話集２

白光真宏会出版本部

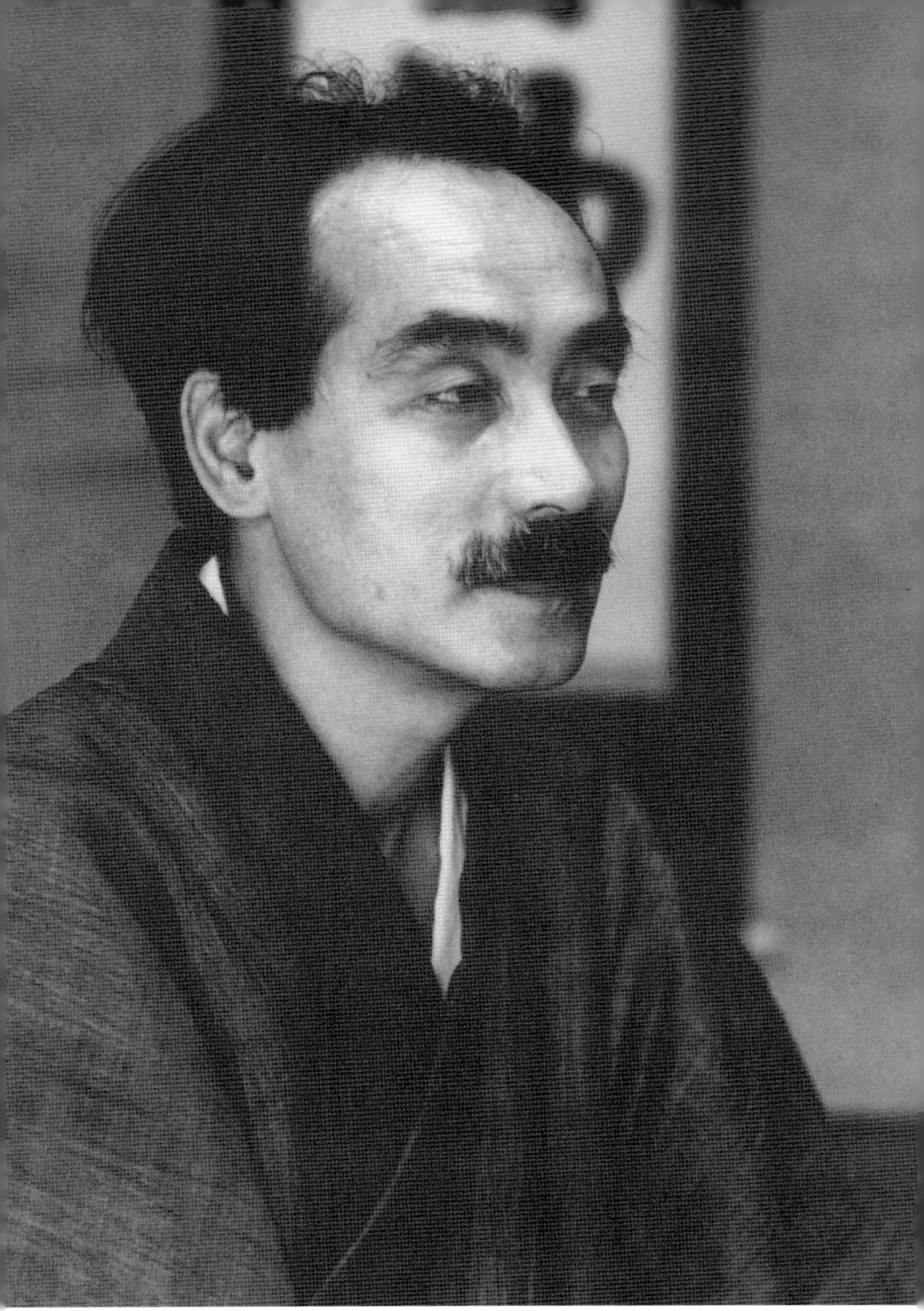

著　　者（1916〜1980）

世界平和の祈り

世界人類が平和でありますように
日本が平和でありますように
私達の天命が完うされますように
守護霊様ありがとうございます
守護神様ありがとうございます

昌久

刊行のことば

宗教信仰においては聞くということは大事なことである。録音テープにおさめた二十数年前の五井先生のお話を聞き直して、お話が今でもいきいきとして心にせまってきて、魂の高まるのをおぼえる。ただ録音技術未熟のために、テープとして再生し、皆さんにご紹介することは不可能である。そこで、テープより文字におこし、文章として、それもなるべく話し言葉に忠実に再録して、ご紹介することにしたのが、この講話集である。

このお話によって、読者の皆さんが安心立命し、明るく把われない心で、この人生を生きいきと生きて頂けるよう切望して止まない。

目次

目次

装幀　有沢昱由

人間と真実の生き方

人間は本来、神の分霊《わけみたま》であって、業生《ごうしょう》ではなく、つねに守護霊《しゅごれい》、守護神《しゅごじん》によって守られているものである。

この世のなかのすべての苦悩は、人間の過去世《かこせ》から現在にいたる誤てる想念が、その運命と現われて消えてゆく時に起る姿である。

いかなる苦悩といえど現われれば必ず消えるものであるから、消え去るのであるという強い信念と、今からよくなるのであるという善念を起し、どんな困難のなかにあっても、自分を赦《ゆる》し人を赦《ゆる》し、自分を愛し人を愛す、愛と真《まこと》と赦《ゆる》しの言行をなしつづけてゆくとともに、守護霊、守護神への感謝の心をつねに想い、世界平和の祈りを祈りつづけてゆけば、個人も人類も真の救いを体得出来るものである。

祈りはきかれます

昭和32年4月14日　市川五丁目会館

まず〝思いやり〟

私の一番最初の教えは〝思いやり〟です。たとえ自分の宗教がいかにいい教えであろうと、相手の立場がその話を聞くには不都合だという場合には、教えの話をしないで「ハイさよなら」で帰るべきなのです。相手の心をみ、相手の心を思いやって、また相手の立場を思いやっての話でなければ、どんないい宗教でもそれは邪教になります。

無理に押しつけちゃいけませんよ。相手が聞きたくない時には話しちゃいけませんよ。相手の立場を思いやる心を、まず養うことというのが私の根本です。

しゃべらなければ相手にわからない、と思ったら間違いです。ただニコニコとしていても、その人の柔和な温和な雰囲気というものが、向うに流れていけば向うはなんか嬉しいのです。百万遍しゃべらなければ相手が納得しないようなものだったら、その人はダメです。声の言葉でしゃべらなくても、魂の声が向うに聞えるんです。魂と魂同志が感応道交するんです。それが宗教の根本原理です。

それがわからなくて、やたらに声の言葉で向うの自由を縛って、しゃべりつゞけて、頭からなんでもかんでも「こうしなさい、あゝしなさい」というようなことをするのは、いけないことです。私の宗教の特長は、自然に知らない間に、相手の魂の高さが上ってゆくということです。知らないうちに業がなくなっていって、知らないうちに明るくなって、知らないうちに柔和になって、知らないうちに人に好かれるようになる、ということなのです。

それは何によるかというとお浄めです。お浄めというのは柏手を打つばかりではありません。

黙って座っていても、こちらの霊魂のまわりを取りまいている守護の神霊の感じが向うに伝わっていくわけです。そうするといつの間にかよくなる。

行ないが大事

どんなに知識があろうとも、行ないが出来ていなければなんにもなりません。これは最近の話なのですけれど、あるおじいさんがいました。この人はとても博学なのです。宗教のことは、ありとあらゆるというぐらいに本を読んで知っているんです。しかし、難病になって、生きるか死ぬかということになったら悲鳴をあげちゃって、どうにもこうにもならなくて、ある人を介して私に応援を頼みにきた。そこで私が写真でもって、一生懸命お浄めして応援した。幸い命をとりとめて、まだ自由に外を出歩くことは出来ませんけれど、元気になってきた。

ところが、嫁さんが日蓮正宗かに入っていまして、正宗に入らなければ罰があたって死んじゃうと、お嫁さんに今度はおどかされることになった。このおじいさんは頑固でわがままだったから、前はお嫁さんをいじめたでしょう。そのお返しが日蓮正宗に入らなければダメになる、というおどしで返って来たわけです。それでおどかされて、私の本をもらったり、お守の光の写真をもらっていったその人が、日蓮正宗の嫁さんのいう通り、本も焼いちゃう、お光の写真も焼いちゃう、それでいて、まだ私のところを離れたくないんです。

「先生、見捨てないで下さい」電話が年中来る、見捨てられたら死んじゃうと思って「見捨てないで下さい」と電話をかけてくる。そして自分は日蓮正宗に引張っていかれちゃっている。それもその宗教の教えがいいというのではなくして「お前が入らなければ死んじゃうぞ」とおどかし文句にこわくなって入っただけなのです。

そうすると、その人の宗教知識というものは全然、空《から》の知識であって、なんにもならないものだったわけですよ。死ぬ間際にあわてふためくような宗教だったら、その宗教はなんにもなりません。

神さまはバチをあてる三味線屋や太鼓屋ではない

なにかことが起った時に、宗教をやった人とやらない人とではまるっきり違うのです。私のところに来ている人が死ぬ場合と、全然無信仰の人が死ぬ場合とは、雲泥万里の差があると思うのです。なぜならば、うちに来ている人は「五井先生」といえば神さまにつながる。つながれば必ず悪いところへはいかない、悪いことがないということを知っていますから、つながります。五井せんせいというのは南無阿弥陀仏と同じですね。だからそれだけでもって救われるわけです。

私のほうでは離れたから罰が当るともいわなければ、来なければ罰が当るなんて、そんな馬鹿なことはいわないんです。神さまは愛であって、人間に罰を与えることは絶対にないのです。これは根本原理です。ところが、他では罰が当るんです。自分のところを離れれば罰が当る。毎月来なければ罰が当る。人を入れなければ罰があたる——罰ばっかりあてるんです。神さま仏さまというのは、三味線屋や太鼓屋じゃないというんだ。だから罰をあてる宗教というのは本当の宗教ではない。

それから、一般大衆というのは、そんなに神さまがわかっているわけではありません。人間というものをわかっているんじゃない。わからないから導師を求めて「先生！」ってほうぼうへ行くんです。そのわからない人たちに向って「お前の心が悪いから直せ」というのも宗教じゃない。それは修養です。

短気を直せ、といわれて直すのは結構です。直さなきゃいけません。臆病も直さなきゃいけません。すべて心の欠陥というのは直さなければいけません。いけないけれど、それを信者さんばかりに責任を負わせて、お前が悪いから、お前が直さなければ、お前がお前がというように、教団の先生方は相手にばかり責任を全部持たせて、それでご自分たちはどうしているかというと、ただお金をもらってのうのうと生活している——とするならば、それは宗教家でもなんでもありません。

すがる気持をとらえよ

一般民衆の迷いをさますのが宗教家であって、自分が自分で悟れ、迷いをさますことが出来るならば、何も宗教に頼らなくたっていいわけです。ところが頼らないでいられないのが人間なのです。誰かに頼りたい、何かにすがりたい、すがらなければいられません。共産党の人たち唯物論者の人たちも、実際にはすがらなければいられない。だから船にのって難破しそうになると、何も宗教のないのが、南無阿弥陀仏、くわばら〳〵というんですよ。南無妙法蓮華経、南無八幡大菩薩、稲荷大明神！　なんだかわかりゃしないんです。命の瀬戸際になるとなんでもいいからすがらなければいられない。そういうものが人間の中にあります。

なぜあるかというと、肉体の人間というものは造られたものなのです。大きなる力によって造られたもので、人間の本体ではないのです。ということを頭では知らないのだけれど、いざとなると心が知っているわけです。そこでなんかすがろうという気持が出るわけです。

すがろうというのは一般大衆の心であり、人類のこころなのです。だからすがらせなければいけません。すがらせもしないで、お前の心を直せというんでは、それはダメです。すがろうとして来ている者に、罰が当るというんではいけません。お前たちがそんな行いをしていると、堕地獄だ、とおどかしておいて神さまを知らせようとするのも間違っています。それは神さまの心に反するのです。なぜならば、神さまの本当の姿の中には地獄はありません。煉獄というものもありません。迷えるところもないんです。神さまの中には、天国だけしかありません。光明燦然たる太陽のような、光輝くところだけしかないのです。もし神さまの姿の中に迷える国があり、地獄があるとすれば、信仰というものは成立ちません。宗教もありません。このことについて、これからお話しましょう。

犠牲の上に生きる人間

私はいつも、本心と業想念とは違うんだ、本体とこの肉体とは違うんだ、といっています。

本心というものは神、仏からきているものであって、完全円満なもので、障《さわ》りなんていうものは全然ないものです。ところがこの肉体にまつわっている想念というものは、ほとんど迷いばかりです。だから人間というものを肉体だけと考えるならば、この世界は救われようのない、みじめな迷いの世界です。罪悪深重《じんちゆう》の凡夫《ぼんぶ》ばかり、罪人《つみびと》ばかりが住んでいるのです。

なぜならば、人間はものを殺さなければ生きていけないのです。植物の命《いのち》をうばい、動物の命をうばい、他の命をうばって人間は生きているんです。動物も植物も食べて下さいといって、出てくるんじゃないんです。殺してしまうのです。今までに魚を食べなかった人はいないでしょう。豚肉、牛肉、鳥肉などを食べなかった人はいないでしょう。何かの犠牲において人間は生きております。とするならば、人間が一日生きている間に、どれだけの罪を犯しているかわからない。

そういう考え方からすると、人間は罪悪深重の凡夫だし、罪人でないものはないのです。

誰かの犠牲において生きている。それなのに、人間には生きる自由がある、人権があるとかいっています。肉体人間というものが、ほんとうの人間だとすれば、人権も自由もへったくれもありません。お互いに殺し合って、お互いの犠牲において生きているような人間は、神さまとはなんの縁もない存在です。それが神の子の人間であるとすれば、その人間というものは救いようがないものです。

今の世界はどうかというと、救いようがないのです。なぜならば、神というものを忘れはてているから、アメリカはクリスチャンの国だし、大統領は教会に礼拝にいっています。しかし、ほんとうのクリスチャンではない。なぜならば、片手に武器を持って、力でもっておどかしているからね。ソビエトは勿論、初めから神から縁が遠い。初めから世界侵略のつもりでいるんですから、問題外です。

仮りに口に神さまを唱えていても、片手に武器をもって——というんでは、ほんとうの信仰にはなりません。

ほんとうの信仰

ほんとうの信仰は何か——人間というものは神の分霊である、神の子である。だからこそ、人間の世界には不幸とか迷いとか、病気とか貧乏というものはあるべきものではない。なぜ貧乏があり、病気があり、不幸があり、迷いがあるのか。それはどこにある？　ほんとうは無いんです。無いのだけれど現われてきている。病気もあります。貧乏もあります。不幸もあります。ありますどころじゃない、不幸だらけだ。不幸だらけのこの世において、不幸が無いとは何事かというと——

真実の人間の世界は、この地上の今の肉体の世界ではないんです。いいですか。この肉体の世界はまだ完成途上の世界です。この地球人類、地球世界というものはまだ未完成なのです。まだ出来上る途上なのです。

さませ　迷妄

たとえば彫刻をしていて、まだ像が出来上っていないで、くずばかり出ている。それを見て「なんだこの彫刻は、出来が悪い」といったって、途中なんだから形がわかりません。それと同じように、今の地球世界というものは、地球人類というものは、まだ神さまの命がすっかり現われきっていない状態なのです。それが今の世界なのです。

この現われきっていない、昏迷《こんめい》している、不幸のどん底のような世界や人間をみて、これが人間だ、世界だと思っている。その迷妄をさまさないかぎりは、世界は絶対によくならない。この完成途上の人類をどうしたらば完成させることが出来るか。

今、みんなは彫り出された木の屑を捨てることをしていないんです。彫りっ放しなのです。だから形が出来ているけれども、木屑がいっぱいたまっているから、完成する形がみえないんです。屑ばかりみている。だから何をやっているかわからない。なんの目的でこんなに彫っているのかわからない。そして不完全なものがズーッとつづいている。このままで人間が考え方を変えないで、生活をしていくとするならば、いつまでたっても完成しないのです。完成しないばかりじゃなくて、具体的にいうと、このままでいくならば、地球世界は滅亡するというんです。

あなたが迷っているのではない

なぜ亡びてしまうかというと、不幸や迷いや病気やその他さまざまな無明の業想念がおおいかぶさっているからです。おおいかぶさっているままで、いくらいったってダメなのです。そこで私が何をいうかというと、

「本心と業想念は違うんだよ。あなた方が迷っているように見えるけれども、あなた方が貧乏のように見えるけれども、あなた方が今不幸のように見えるけれども、それは今のあなた方が貧乏でもなければ、不幸でもなければ、迷っているのでもないのですよ。それは過去世から、

自分は神の子であると思わなかった、神と人間とは全く別なものだ、おれは人間だから仕方がないさ、という神から離れた想いがだん〳〵つもりつもって、業となってたまってしまったものが、今、現われて消えてゆく姿なんですよ」というわけ。

誤った想いの結果、こちらが幸福になるためには、こちらをやっつけなければ幸せにならない。アメリカが幸福になるためにはソビエトをやっつけなければならない。ソビエトが幸福になるためにはアメリカをやっつけなければならない、というように、すべてが対立闘争の、相対的な世界になっているんです。これでは、どんなに利口な人、世界のどんなに知恵ある人が考えても、神さまの知恵を除外した知恵で考えるならば、この世界は必ず亡びます。こうやれば救えるという考えをもっている人はいないのです。

日本の姿　世界の姿

日本を見てみますと、核兵器を日本も持てとアメリカがいうわけです。日本は原水爆反対の張本人で、原水爆禁止運動をやっているでしょう。その日本へ原水爆の兵器をあげるといわれて、日本は〝ハイ〟ともらえますか、もらえないでしょう。国民全部が反対します。でも、アメリカの力が日本から減れば、ソ連が侵略してくるというのが再軍備論者の頭なのです。それも考えられないことではない。そういう危険もあります。日本へ入ってくるのなどわけない。飛行機が千機ぐらい飛んで来て、落下傘部隊で兵隊が降りて来たら、日本などいっぺんに占領されます。

こんどはアベコベに、アメリカから核兵器を日本が仕入れたとします。そして配置したとします。そうなったら日本は原水爆反対などといえない。核兵器がふえたとすれば、一朝《ちょう》、戦争になる時は向うから原水爆を落されても文句はいえない。お前の所に原爆基地があるから落すんだ、といわれたら文句はいえません。

またアメリカとソ連とが戦争になり、日本が核兵器を持ってアメリカについて戦った場合には、無傷ではすまない。原水爆が必ずおちます。そうすると広島長崎どころの騒ぎではない。

もう一つ考えて、アメリカとはなれて独立した場合に、日本には武力がないから、落下傘部隊に占領され、日本をソビエトの共産主義のままにしないとは限らない。

日本の今の立場は、アメリカについても危っかしい。ソ連につけば勿論だめだし、中立にしてもあやふやだ。右をむいても左をむいても中に立っても危っかしい。そういう姿が今の日本の姿であり、世界の姿なのです。

だからよく目を開き、耳をあけ、頭をひらいてよくよく考えてみても、神さまをはずして日本が救われる道はありません。

これからの戦争というものは、必ず片方が勝って片方が敗けるというものではなく、両方共に亡びるんです。それが第三次大戦なのです。

映画「明治大帝と日露戦争」をみて

この間「明治大帝と日露戦争」という映画をみました。明治の頃は明治天皇に対して全く統一していた。ロシアが攻めてきて、こちらが開戦しようがしまいが、満州へどんどん陣地を作って入ってくる態勢になった。そして、軍官民一致で勝ち負けなど考えないで戦争をしなければダメだ、という形になった。でも明治天皇が何べんも何べんも、戦争したら大変だ、戦争をしたら戦死者がたくさん出て国民がかわいそうだ、なるたけ戦争なしに収めようじゃないか、というんだけれども、どうしても戦争なしではおさまらない事態に来たわけです。それで戦争が始まった。総理大臣はじめ全国民が明治天皇を慕って慕って、天皇なくては国がないという統一した姿でもって、日露戦争が始まった。

ふつうでいったら勝てる戦いじゃないです。日本海海戦でも、チョッとしたところで日本は勝っているんです。何故勝ったかというと、日本人すべての心が明治天皇という一つの中心に向って統一した。つまり、天皇は天皇で非常に臣下を思い、国民を思っていた。国民は国民で天皇の御為、国のためと思った、すべてが天皇に帰一して、向うから攻めてくる野望を粉砕したのです。だからみんなの心が神に通じるわけです。あの映画をみていて、天皇の国民を愛する心と、国民が天皇を慕う心とが全く涙ぐましくて涙を流してたんです。

ところが現代におきましては、天皇が陰にかくれてしまった。かくれてしまったから帰一するところがないのです。どこへ統一していいかわからないのです。ですから、今、自衛戦をやるといったって、戦いになりません。ダメです。なぜかといいますと、すべてが一致しませんから。たとえば再軍備したとしても、飛行機で爆弾をバラバラと落されたら、みんなテンデンバラバラになり分裂してしまって、降参です。それくらい国民の気持というものが、今ははなればなれなのです。各自勝手気まま放題。自分だけがうまく生きればいいのです。

天皇信仰の崩れたあと

どこかに中心を持っていかなければ、日本はダメなのです。今、天皇は中心になりません。後《のち》のことは別です。天皇の御為にといったってわからないのです。この間、ある父親が、高校の子供に何かの話から、天皇は大事なのだ、日本国の中心なのだし、一番偉い方なのだと話したわけなのです。そしたら高校一年の子が「お父さん、そういうけれど、どうして偉いんだい。天皇は国民の税金で食わしているんじゃないのかい」というわけ。お父さんが一生懸命、天皇は偉いんだと説明するけれど、抽象論で説明にならない。しまいに業をにやして、子供の頭をコツンとやって（笑）あくる朝になって、お母さんを呼んで「お前の教育が悪いんだ」って、お母さんが叱られちゃったんです。

という工合に今の青少年は天皇なんて問題にしていません。あってもなくてもどっちでもいい。実際の話がわからない。青少年ばかりでなく、大人も感情的には天皇は慕わしいという気持があるけれども、実際問題としては天皇が在ったって無くたっていいような感じが多分にしているんです。そういう感情のところへ持っていって、天皇に帰一しろ、といったってダメでしょう。

戦争に負けたということで、国民の心の中にあった天皇信仰というものが崩れてしまった。崩れてしまったら、日本はまるで信仰のないような国になってしまった。自分勝手でバラバラになってしまった。そこに新しい宗教、ご利益宗教というのが出て来て、お前の病気を治してやる。お前に金をもうけさせてやる、というんで、自分たちだけのことしか考えない人たちがそういうところに集って、新興宗教が膨大になったでしょう。ところが新興宗教もどんづまりにきました。なぜならば、個人個人のご利益だけを追求していたって、国がどんどん追いつめられていく、世界がどん〳〵追いつめられていくからです。そこで世界平和の祈りが生れたのです。

神さまとはなんだろう?

神さまというのをみんなわかっているようでわかっていないんです。神さまは天にいて、自分からはるか遠くに離れていて、命令ばっかりしているような、間違えれば罰をあてるような、そういうこわい神さまだと思っている。ところが神さまは自分の子である人間をいつも思っている。いつも人類が幸せであるように、人類が平和であるように、みんなが苦しまないで、自分のほんとうの姿を現わすようにと思っているのです。

なぜ思っているかというと、人間の命の中に神さま自身が入っているんだから、自分のことを思わないわけにいかない。太陽が神であるとするならば、その光線は人間ですよ。海が神であるとすれば波の一つ一つは人間です。神がなくては人間がないと同じように、人間がなくては神の存在も認められるものではないのです。だから人間と神とは共存共栄です。それこそ人間がいなければ、神さまはつまらない、現わすものがないもの。人間によってはじめて自分のほんとうの姿が現われた。だから人間というものは、神の姿に似せて創ったといわれています。

神と人間とは一つなのだ。だから神があって人間がある。人間があって神があるのです。もとはどっちにあるかというと、神さまのほうにある。だから神さまが人間の不幸になるよう願うわけはないし、いつでも幸福になるように願っている。それで聖者や創始者というものを出すのです。私に何を命じたかというと、世界平和の祈りをやれと命じられたんです。

神さまに想いをお返えしする

その世界平和の祈りというものの前に、一番思わなければならないことは、人間というものは、この肉体だけでいくらジタバタしてもだめなのだ。だからいっぺん肉体人間では亡びてしまうんだときめてかかって、神さまに全部まかせなければならない。まかせる方法としてお祈りがあるんです。そのお祈りもふつうだったら、わが天命を完うせしめたまえ、み心の天になるごとく地にも行われんことを、というような祈りでもいいのです。神さまの行いが、神さまの生命が、自分を通して現われますように、神さまの生命が人類を通して現われますように、天のみ心というのは完全円満ということです。その完全円満が地上にも現われますように、という想いなさいと私は教えるわけなのです。

亡びちゃうだろうという想いや、不幸になるだろうという想いや、病気になるだろうという想いや、自己否定の想いをいっぺん全部捨てちゃって、神さまの中に自分の想いを全部投げこんでしまうのです。それが祈りなのです。家を与えたまえ、お金を与えたまえ、商売繁盛なさしめたまえ……そんなのはなんにもなりゃしない。それが今迄の宗教。

いくら神社仏閣にお参りし、お賽銭《さいせん》をあげて歩いたって、そんなものは信仰でもなんでもない。自分勝手なものです。それを昔は信仰と思っていた。信仰というのは、自分の生活の中に神さまの姿を現わすことなのです。一番よく現わした人を仏というのです。その現わす方法は何かというと祈りなのです。

世界平和の祈り

お祈りというのはお願いじゃないのです。神さまを思う時には神さまに自分を委《まか》せちゃう。どうやって委せたらいいか委せようがない。わからないでしょうから、素朴な祈りとしては、神さまのみ心が自分によって成就しますように、自分の生活の中に神さまが現われますように、ということです。けれどそれだけじゃなんだか物足りない。そこで、世界人類の平和というものは、神さまが願っているのだから〝世界人類が平和でありますように〟と神さまにまず自分の想いを投げ出しちゃうのです。それから〝日本が平和でありますように〟って投げ出す。私たちの天命、天から与えられている役目です。〝私たちの天命が完うされますように〟と三番目に投げ出しちゃうんです。あとは守護霊守護神に感謝する。

守護神というのは神さまが、人類を救うために働かしているものです。守護霊というのは自分個人を守っているものです。ですから個人を守る守護霊守護神、国を守る守護神、世界を守る守護神、に対して守護霊守護神さんありがとうございます、よろしくお願いします、という想いを出すんです。あとは何もないのです。

もともと霊としては神と一つなのです。肉体としては神さまを離れてきているから、神さまを離れた想いを、再び神さまの中に投げこむことが祈りなのです。自分の本体は神さまの中にあるのだから、本体の中に帰りなさい、神さま有難うございます、神さまァーというように入りなさい、もうそれだけでいいのです。

祈っているあなたから後光がさす

神さまの中に入ると、神さまの光が地上界にあらわれるのを妨げている否定の想い、不幸になるんじゃないか、病気になるんじゃないか、貧乏になるんじゃないか、という悪い想いが消えてしまうんです。光が強いから。それを私は世界平和の祈りというようにしてわかりやすく説いている。南無妙法蓮華経というのも南無阿弥陀仏というのも、唱え方は違うし、いき方は違うけれども、要するに神さま仏さまの中に、自分の迷いの想いをたたきこんでしまう方法なのです。その方法が私の場合には世界平和の祈りということなのです。

世界平和の祈りを祈っていますと、みなさんの体から後光がほんとうにさすんです。白光燦然として周囲を照らすのです。周囲を照らすと、周囲の波が浄まってゆく。それがどんどん広がっていくと、日本全部が光になっていく。そうすると日本はまず安泰です。それがもっと広がっていくと、世界人類を光一元にする。その光の中から、偉大な政治家や科学者が生れてくるのです。原水爆じゃなければ世界が治まらないという考えが、そんなものじゃなくてもいいんだ、というように考えが変わってくる。

天の力が現われる

そうなると天の力がほんとうに現われてくる。姿になって現われるかもしれない。それこそ天皇として現われるかもしれない。私たち日本人としては、天皇の姿として救世主が現われることが一番いいのです。あるいは別に現われるかもしれない。

救世主の大光明が肉体に現われるか、現われないかは別として、肉体の人間に働きかけると、その人たちが偉大なる力を発揮して、悪なるものがみんな追放されるのです。それが地上天国の現れなのです。そのためにも自分たちの我欲の想い、恐れ、不安、悲しみというものを、みんないっぺん神さまの中にお返ししなければいけない。それで新しく生れ変るのです。

新しく生れかわる

新しく生れ変らなければいけません。新しく生れ変るということは、自分たちの今までの考え方を全部変えるということです。今あなた方が不幸なのは、今、あなた方が悪いから不幸じゃないのですよ。前の想いが悪いからそれが不幸に見えて、現われて消えてゆくんですよ。

今までの教えはそうじゃない。あなたが悪いのは今のあなたの心が悪いからだ、というんです。そうじゃありません。あなたの今の心が悪いんじゃなくて、今まで悪かったのが現われて消えてゆくのです。だからお互いに責め合うことはないのです。たとえば悪いことをしている人があったとしても、あのやろう悪い奴だ、ということはないのです。あの人は気の毒に、前にうんと業があるからそれが現われて、あんなひどいことをして……神さまの姿をあの人は汚しているじゃないか、かわいそうだな……というような想いが自然に出ますよね。そういう想いになると、お互いがいたわり合い、許し合いになるのです。

船戸倉蔵氏の体験談

『私は世界平和の祈りをして、五井先生ありがとうございます、と感謝して、毎日そのまま生活させてもらっています。

五月の一日のことでした。夜中に私の隣が焼けたのです。近所の人が私のことを起したんです。それで私は飛び起きたんです。支度したと同時に習慣なのですね、すぐに世界平和の祈りが出るんです。座敷の真中に落ちついて坐って祈るんです。けれど隣はボンボン燃えている。隣の家とは一尺五寸ぐらいしか離れていないのです。

向うの家は万年筆の工場ですから、セルロイドがいっぱいある。そこへ火がいっぱいに入ってしまったのですから、火事はものすごい。二十七台かの消防車が出動しまして、大火事になりました。私のほうに火の粉がぼんぼんかかる。だけど私は風をみてから消そうと思ったのです。まず物を片づけようと思ったのです。そしたらもう一遍祈ろうという気持が起ったのです。

その時、私はバケツを持っていました。バケツを持ったまま世界平和の祈りをしていました。ほんとうに祈りました。先生の姿がパーッと見えたと同時に、大きな光の玉が私のほうに来たのです。と同時に何か大きなものが、私を突きとばすようにしたんです。それで私は倒れそうになったのです。

と同時に、風が変ったのです。近所中、泣いてさわいでいるんです。私は荷物も片さないで平気で風向きを見ているんです。風向きが変ったのです。それで私の家は助かったのです。向うは焼けて気の毒ですけれど。

焼けなかったばかりじゃないのです。そのおかげで、十年も付き合わない私の義理の姉と再び親しくなりました。ある友だちのところへお礼に行きましたら、その友だちが、「君、あれが去年の十一月か三月だったら、君の家は丸焼けだったよ。君は信仰深いネ」というんです。「信仰の力でそれは風も変わるよ、有難いな。時期を神さまがこっちへ持って来てくれたんだ、有難いな」といわれた時、私は自分が信仰していて、そのことに気づかなかったということは間ぬけだと思って、思わず〝五井先生！〟と唱えたんですね。

それからまたある友だちがお見舞に来て

「あんた実はね、消防署の人が私のところに遊びに来てね、私は随分長い間消防署に勤めているけど、あんな急に風の変わったことはかつて見たことがない、といっていたよ。それに、あんなに風が変わるなんて不思議だ、あの船戸の家は不思議な家だ、といっていた」というんですね。近所の人は、あんたの家が信仰しているおかげで、この一画の大きなところが助かった。神さまは有難いね、と、私は賞賛のまとになって、五井先生が賞賛の的（笑）私じゃないんです。五井先生なんです。そういうことなんです。本当に私は有難い。

五井先生ありがとうございます。』

船橋市の石井さんの体験

今の船戸さん話はなかなか面白い。他にもそのような話があるのですよ。

船橋市に、石井正さんという人がいるんです。同じような体験を石井さんがされた。

石井さんは用があって、田舎へ一家そろって行ったんです。泊るつもりでいったところが、なんだか急に奥さんが帰りたくてしようがない。帰らなければいられない気になって、みんなが嫌だというのもかまわず、引張って帰ったんです。家に帰ってその晩、近所に火事が起ったんです。

風が十メートルぐらい吹いていた。それで火の粉はどん〳〵飛んでくる。火の粉がとんでくる反対方向に松の木があったんですが、それが自分の家をこして火の粉で焼けているんです。こげちゃった。物干竿が出ていたのですが、先のほうがこげて来た頃、家に燃えうつる手前で、スーッと風向きが変って他へ行っちゃった。そのときは、五井先生五井先生と呼んでいたらしいんです。風向きが変ってその家は焼けなかった。

田舎へ行ったのを、危ないからとわざわざ帰して——留守だったら焼けていたでしょう——ちゃんと家において、祈りをさせておいて風向きを変えた。イエスさんが波に、静まれ、といえば波が静まる、その岩に動けといえば岩も山も動く、といっています。ほんとうの祈りというのは、風も変えれば雨も変えれば、なんでも変えるんです。自分のご都合主義で変えたってだめですよ。ご都合主義だと、片方が南風がいい、片方は北風がいいって、お互いのいうことを聞いたんでは、風が半分にわかれなければならない（笑）。

祈りはきかれるのです

神さまに伝わると、奇蹟はいくらでも起るのです。祈りがなければだめなのです。なぜならば神さまは完全円満で、その中には不幸はないのです。人間の世界に本当は不幸はないんだということがわかってくると、その人に不幸はないのです。たとえば病気したって不幸じゃない。みんないいものが現われてくる姿なのですからね。しかしなるたけ焼けないほうがいいやね。焼けたら焼けたでそれもよい。業が消えてゆく姿です。もっといいことが出てくる。焼けたら焼けたで必ずいいことが出てくるけれども、焼けないほうがなおいい。病気にならないほうがいい。なおいいほうへと選ぶんだけれども、それも神さまに委せなければいけませんね。

だからとっさの場合にでも世界平和の祈りをすると、風が変るんです。船戸さんのいったことは本当だと思います。そういうふうにほんとうの祈りというものはきかれるのです。だから、祈りはきかれる、と心から思わなければいけませんね。

世界平和の祈りというと、いかにも自分とは関係がなさそうなのですね。世界の平和どころじゃない、俺の生活が困るのに世界が……なんていいます。しかし世界というのは自分です。原爆でも一発バーンと落ちれば、自分もへったくれもありゃしない。一遍になくなってしまいます。世界というものと個人の自分というものとはつながっているんです。だから世界平和を祈ることが、自分を守ることでもあるんです。

世界平和の祈りは自分が救われると同時に、人をも救うんです。

もう一つの体験

柴又に大[註]橋タカさんの親せきの人がいますが、その人の家の前に工場がたっていまして、その工場の一劃が燃え出したんです。夜中で、火の勢がものすごかった。そこで子供たちも下駄なんかつっかけて、五井先生、五井先生っていいながら、親類の家へ逃げたんです。そして定めし自分の家は焼けてしまったろうと思って帰ってきたら、なんでもなかった。風向きが急に変わっちゃって、その工場だけが全焼して、他へ全然燃え移らなかった。

註　発祥会員

世界平和の祈りで間に合わなかったら、五井せんせーいと呼べばいいんです。同じことです。そうすると、五井先生という名前で現われている守護神が働きにいくわけです。風ぐらい変えるのはわけない。竜神がちょっとやれば変わるんですよ。

竜神というのは自然霊といって、自然の運行を司っているんです。それを科学的にいえば、空気団が動いてどうとか、気圧がどうとか、というけれど、そういっているだけで、それを動かしているものは自然霊なのです。天地のいろいろな運行は自然霊なのです。智慧あるものが運行しているのです。法則というけれど、ただ動いているのではないのです。動かすものがあって動いているんです。その動かすものと一緒になれば、自由に動かせるのです。

今も昔も、行者などが物理現象を超えていろんな奇跡を示しますね。行者がエイヤッとやると、火なんかが出たりする。実際に火が出るか出ないかは別として、火が出たように見える術もたくさんあるんです。そこで昔は念力合戦というものをさかんにやったのですね。しかし念力でそういうことを現わすことは、魔界の仕業なのです。念力の強い者同志が戦えばお互いに火合戦、水合戦になるでしょう。それでは戦争と同じですからね。それでは外道です。

神さまに自分の運命をまかせてしまう、するとそこに奇蹟が現われる。それをほんとうの奇蹟というんです。

火事だ、ということになって、下駄を片方はいて、片方靴はいて、荷物の代りにバケツを持って逃げたり――よくそんなのがあります。しかしほんとうに祈りが出来る人は、その場であわてません。一生懸命祈ります。それで焼けるものならそれもみ心だ、焼けようと何しようと、神さまのみ心がそうならば仕方がない、というのが根底で祈るのです。それじゃなかったら逃げますよ。祈るより先に水をかけます。しかし祈りが光になったんですね。

救世主はどう現われるか?

この世の現象というものは、神さまがいくらでも変えてくれるのです。変えてくれるために守護神がいるのですからね。今の世の中は肉体人間だけではどうにもならないから、守護神がぐーっと低く降りて来て、働いているんです。それをマイトレーア、弥勒菩薩の出現といいます。あるいはキリストの再臨というんです。世の終りの時キリストが現われる、弥勒菩薩が現われる、という予言があるんですが、その時が現代なのです。

救世主が一人の人間で現われるか、それが光明として現われて、いろんな人に働きかけるのか、それは謎です。まだはっきりいえません。

その救世主が天皇と一つであるならば、本当に幸せであるし、日本人としては一番望ましい。おそらくそうなるんじゃないかと思います。ただ天皇という名前はどういう風に現われるかわかりません。それは謎なのです。しかし、天皇とキリスト、仏陀と一つである、あるいは同じところにいるということになるのです。表と裏になるのです。とにかくそういうものが一つの中心になって働く。

天皇というものが人間の天皇であるか、人間の天皇でないか、しらない。肉眼で見れば人間、しかし神眼で見れば人間じゃない。ほんとうの意味の現人神になって現われた時、世界が平和になる。

素直な心

昭和32年5月12日　市川五丁目会館

人間の真実の姿

ほんとうの人間の姿というのは、神さまそのものの完全な姿、愛、調和、喜びというものです。なぜならば、人間は神さまから分かれてきたもので、神の分霊《わけみたま》であり、分生命《わけいのち》です。その分霊、分生命が悪い生活をするわけはないのだけれど、肉体という不自由な形の世界に入ってしまったものだから、肉体界の制約の中で生きなければならなくなったんです。そこでだんだん神というものを忘れてしまった。目に見えない霊妙不可思議な存在から遠去かってしまって、肉体人間という自分になってしまったのです。

それが長い時間たちましたから、迷いがだんだん深くなって、神さまなんてあるかないかわからない、霊魂なんてあるかないかわからない、というようになってしまった。人間は肉体だと思っているのだから、死んでしまえばそれまでよ、と思っている。

ところが浪花節《なにわぶし》の文句ではないけれど〝バカは死ななきゃ治らない〟というのは真実なのです。肉体の世界にしか人間がいないと思って、死んでみると、意識がよみがえりますから、初めて、あゝ肉体だけじゃなかったんだ、霊魂というものがあったんだ、幽体というものがあったんだ、霊体というものがあったんだ、ということがわかる。しかし死なないうちにわかってもらいたいと思って、私はいろいろと説いているわけです。

肉体の他に体があるのです。肉体に霊魂が入る前に、霊体をつけ、それから幽体というものをつけ、そしてから肉体をまとう、そのようになっているんです。その霊体であり幽体であり肉体である人間が、この地上界に生きている。ですから人間は肉体の中だけに生きているのではなくて、幽界にも生きている、霊界にも生きている、神界にも生きているのです。

自分の意識は死後の世界でもある

今ここに今川喜久男という青年がいます。今川喜久男というものは肉体じゃない、霊魂が肉体に入っているわけです。そして或る期間、何十年か肉体にいて、自分の悟りの程度にしたがって一番適当なところに帰ってゆくわけです。ところが宗教家の中でも、死んでしまえばそれまでだと思っている人がある。また、死んでしまったら個性意識、自分の意識がなくなってしまって、そのまま大霊に還元してしまう、いわゆる大神さまの中に入ってしまう、というように考えている人があります。

私が霊魂があるとか、守護霊とか守護神が存在するということを説いていますと、それに対して猛烈に反撥して、霊魂があるなんてインチキだ、死んでから意識があるなんていうのはインチキだ、そういうことをいうのは邪教の親玉だというわけです。そんなことをいうのがおかしいんです。

肉体が死んでしまってそれまでならば、あるいは肉体が死ねば魂はそのまま大神さまの中に入ってしまうものならば、生きている間出来るだけ悪いことをして、うんとむさぼりとって、面白いことをして、それでいやになったら、ハイさようなら、と自殺しちゃえばいいんですよ。そうすれば神さまの中へ帰っちゃうんでしょう。でもそういう教え方をすると悪い者が続出します。死んでしまったらそれまで、という考え方は悪いことを非常に増長させます。

やはり因縁因果説、因果応報説の、悪いことすれば悪い報いがくる、善いことをすればいい報いがくるという教え方が必要なんです。実際、悪いことをしても、いいことをしても死ねば神さまのところに帰ってしまうとするならば、個我の意識がないならば、悪いことをしてでもなんでもいいから、金もうけをして、うまいものを食べて、栄耀栄華のかぎりを尽して死んだほうがいいものね。それでおしまいなんだから。いかにもインテリ宗教家のように説くけれども、全然無知なる説き方なのです。

過去世があるから運命が違ってくる

人間というものは、ほんとうは完全円満で、生命は一つである。一つであるけれども働く場合には、すべて個性に分かれて働くのです。いろいろな働きをするものが合わさって大霊となるんです。そう私は説いている。そして働き場所はどこにあるかというと、神界にもある、霊界にもある、幽界にもある、肉体界にもある。この地上界にいる人は肉体界にいて働いている。しかし肉体界にいて、肉体だけで働いているんじゃなくて幽界でも働き、霊界でも神界でも働いているのです。

この幽界の幽体の中に潜在意識というものが溜っている。前の世の想い、その前の世の想い、いわゆる過去世の想いがいっぱいたまっていて、その過去世の想いの善悪に従って、この世の現象の幸、不幸の生活が出来ている。だから赤ん坊に生れても、ある人は食べられるか食べられないかわからないような、貧乏な所の赤ん坊に生れる子もある。或いは金持でいくら使っても使いきれないような金持に生れてくる子もある。天皇陛下の子供に生れる子もある。というように生れながらにして、生れる場所が違います。

才能ということも違ってきます。或る子は生れながらにして非常に鋭敏なる頭を持っているかもしれない。ある子は生れながらにして馬鹿であるかもしれない。或いは五体不満足かもしれない。生れながらにして運命がみんな違っています。その運命が違っているということは、過去世があるという証拠なのです。

過去の世があるからこそ運命が違ってくる。過去の世がないとするならば、初め全部同じように出発しなければならない。出発しないとするならば、神さまなんかないことになる。人生がこの世だけであって、生れながらに運命が違うものであるならば、神さまがあるということがおかしいです。

神という全智全能、完全円満なる大智慧者が、不平等にこの世を造るわけはない。不平等なこの世を造ったのは誰かというと、人間自身なのです。人間が勝手に不平等にしてしまった。

それは神さまの責任ではありません。

この世だけと考えますと、神さま仏さまがなくなり、神の愛もなくなっちゃう。この世がたとえどんなに悪かろうとも、この世でもって尽すだけ尽して、善意を尽し、愛と誠の行ないをしていけば、あの世ではよくなるとか、また生れかわってよくなるとか、そういうことでなければ、この世の中は神さま仏さまがあるとは考えられないです。

そこで私の説は、神さまというのは完全円満であって、神さまは悪いことを造っていない。ただし、ここに悪いことが現われているのは、人間が神の心から離れた、マイナス面だけが病気や不幸や貧乏というようなものに現われているんだ。そして現われて消えていくんだ。だからつねに人間は神さまだけを想い、神さまに感謝しつづけておれば、その悪因縁というものは知らないうちに消え去っていくんだ――と説くんです。

純真なる愛の心は自他を救う——今川喜久男氏のこと

今[註]川喜久男君については面白い話があるんです。昔、私がまだ妻帯もしていない、ほうぼう中泊って歩いている時があったんです。その頃ある女の人が、借金で苦しめられて、家を売らなければならない。しかしいく所がない。ところがいい場所が見つかった。それにしても五万円の金だか六万円だかのお金がいるというんで、私に泣きこんできた。お金がなければ死ななければならないというわけです。ところが私一銭もないんです。その頃お金なんかもらってないんです。私がお話をしていますと、感謝箱のようなものがおいてあって、入れる人は入れる。入れない人は入れない。入れてもらうと、貰ったものを困った人にやってしまう。だから私はいつも五円ぐらいしか持っていなかった。電車賃ぐらいしか持っていない。今ありますよ少しは（笑）。

全然ないところへ五万円貸してくれ、というんでしょ。私は困りましたよ。人がこれから死

註　発祥会員・薬剤師

んでしまおうという時に、貸さないわけにはいかない。その頃は、今のようにサッと直覚にしてすべてがわかるのではなくて、声が聞えてきたり教えられてわかっていた。その声が「この女に貸してやれ、出来るから。明日出来るから貸してやれ、明日来い、といっておきなさい」というんです。ところが私には一銭もない。向うはお金が明日出来なければ死んじゃわなければならない。真青な顔をして、死ぬほどに思いつめている。私は困ったけれど、神さまがそういうんだから間違いないだろう、と思っていた。

そこでその会場から今川君の家へ行ったわけです。そこの会で、実はこんな話があってね、やがて神さまが誰かからくれるんだろうけれども、私の責任じゃないよ、ってそう話したんです。そして今川君のところの会を終えて、二、三軒隣のところへ行ったのです。そしたら今川君が追いかけてきた。そして

「先生、僕の貯金が五万円あります。これ使って下さい」

とお金を出すんです。

「いいのかい、そんな無理して」

「大丈夫です」

「じゃもらおう」

こっちものん気なもので、もらってしまって、それを家へ来たその女の人にやっちゃったんです。そしたらその女の人一向にお金を私に返してくれないんです。返してくれなければ今川君に返済出来ないでしょう、それで困っちゃった。

その頃から声が聞こえてくる、というんじゃなくて、直覚でわかるようになった。ほんとうになったし、人助けを本格的に始める形になって来て、感謝箱も大きくなった（笑）結婚もしたし、昔の独り者の風来坊のようなことはしていられなくなって来た。そんなこんなでお金が少しづつ出来てきた。返そうと思ってためておいた。

溜った頃になったら今川君が来た。どうしても学校の学費がなくなってしまった。なぜなくなっちゃったかというと、親父さんが使っちゃったから。そこでお母さんが来たか、今川君がきたか、忘れたけれど「先生、実はお金が……」ときた。その時、私にはチャンとお金が出来ていた。それで「ハイ」と渡した。

今川君が純真なる愛の心を出したからこそ、卒業して、社会人になっているんです。私にお金を貸してくれていなければ、親父さんが使ってしまって、それもなくなっていたでしょう。学校も卒業出来なかったかもしれない。ところが幸いなことに、私のような人に貸しておいたものだから、利息はつけなかったけども（笑）元金は返した。結局、私が神さまから預かっていたようなものです。女の人も三、四年かかって返してくれました。そしてお店をちゃんとやっています。三方おめでたというわけです。

今川君の純真なる愛の気持が、今川君の幸福を築いていくわけです。病気も直って、学校も卒業して、薬剤師として一人前になっていることは、やっぱり今川君が純真で、素直であったからです。素直なる心というのは誉むべきかなです。神さまの心にかなうのです。

一番大事な心

一番大事なことは素直な心です。素直にものを見る。素直に愛の心を出す。へんに気取らないこと、素直な裸の心になってつねに生活している人は、決して迷うことはありません。

根本的にもっと大事なことは、神さまにつながっていることなのです。神さまに委《まか》せきるということです。自分というものは、神さまから生れてきたんだから、神さまがすべて知っておられるのです。ところが神さまといっても何か摑みどころありません。どこにいるんだかわかりません。

汎神論《はんしんろん》というのがあります。神さまは草木の中にもいる、人間の中にもいる、動物の中にもいる、すべてのところ、いたる処に神さまはいらっしゃるんだ、というのが汎神論です。すべてのところにいるというのは、ちょっと摑みにくいでしょう。どこの神さまを摑んだらいいかわからないでしょう。

またある宗教は、神さまというのは内部の生命である。だから内部の神さまを引き出せばいいんだ。だからあなた方は悪いことをしないで、良いことばかりして、それで内部の神さまを引き出しなさい、といいます。しかしノイローゼになったらどこから引き出すんですか？　たんすの引出しから出すんなら、たんすを開ければいい。ところがそう簡単にいかない。内部の神さまをどこから出していいかわからない。そうすると誰かにすがらなければならない。

神経が疲れた場合には誰かにすがらなければならない。ところがすがるものはないんです。神さまは宇宙に充満しているかもしれない。内部にあるかもしれない。実際にあります。けれども内部の本心を引き出すということは、なかなか一人では出来ない。一人でやることを自力というんです。

内なる神性をひき出す

内部の本心を引き出すということは、山にこもって座禅をしたり、滝をあびたり、断食をしたり、いろいろな行をしてもなかなか出来ない。行《ぎょう》をしていると、一風変わった人になってしまって、世間に相容《あいい》れないような人が多く出来るんです。一風も二風も変わって奇人のようになってしまって、ふつうの社会生活が出来なくなってしまうのです。人間が片寄ってしまうのです。それでは内部の神さま、本心を引き出したことにはならないのです。内部の神性を引き出すということは、言葉ではやさしいけれども実際問題とすると、なかなか出来るものではない。

そこで私はどうしたら引き出せるか、といろいろ研究したわけなのです。研究過程において、私の体験として、守護霊が背後についていることも、守護神もついていることも、ハッキリと知ったわけです。そこでみなさんの後《うしろ》には祖先の悟った霊として守護霊がついていますよ、その上には守護神がついていますよ。それで一番上で直霊《ちょくれい》なんだということです。直霊というのは人間の本体、神さまである人間です。ですから守護霊守護神につながっていけば、自分の本心に自然につきあたってくる、自然に本心と一つになってくるということを教えているわけです。

そしてもう一方では、ここに現われている悪も不幸も病気も、みんな消えてゆく姿なんだ、といっています。消えてゆくんだからそれに摑まって苦しむ必要はない。苦しんだら苦しんだままでいいから、苦しんだままで神さまにつながりなさい。また苦しかったそのままで神さまにつながりなさい。自分で治そうなんて思いなさんな、自分でいくら力んで治そうと思っても、治そうとすればするほどそれにひっかかってしまって、治らない。自力で治そうと思うならば、全生活をすてて、山にこもって徹底的に座禅観法をやらなければダメだ。ところが日常生活を捨てて、山にこもったり滝にあたったりするわけにはいかない。たまたまやったって何にもなりません。

教わったことはやってみる

自分の肉体ではなんにも出来ないから、すべて神さまにまかせよう。神さまといっても目に見えないから、自分の背後の守護霊守護神にまかせよう、それで悪いことが出てきたら、消えてゆく姿と思うというのが私の教えでしょう。それを繰返し繰返し毎度話しているわけです。ところが何べん話されても、相当わかっているようでも、やっぱり迷っちゃうんです。

理論ではそうなのでございますが、なんだかこう苦しくて――というんですね。理論だけわかったって、わかったことになりません。行いに現われないものは何にもなりません。火事になったらこうやってこうやって消すんだ、とわかっていても、ただバケツを持って立っていたって火は消えやしません。やっぱり水をかけて消さなければダメでしょう。この道をこういけば東京駅へ行きますよ、と教わったって、行かなければダメでしょう。人には教えられますけれど、自分が行かなければ東京駅へは行けない。それと同じように教わったことをやらなければダメです。

教わったことで一番やりやすいのは何かといったら、守護霊がいて、ちゃんと守っていてくれる。神さまは愛なのだから、人間を不幸にするわけはない。自分は守護霊守護神に守られているんだ、そしてやがては守護霊守護神の力によって、自分の本心が開発して神さまと一つになっていくんだ、というように思っていることが一番です。

そんなことをいったって、そんなこと出来ない、という想いが出たら、それは業の想いなのだから、消えてゆく姿なのだと思えばいい。また出てきたら、また消えてゆく姿なのだと思う。悪いことが出て来ても、それも消えてゆく姿なのだ。いいことが出てきても、悪いことが出てきても、すべてこの現象の世界に現われてくることは、みんな消えてゆく姿と思って、ただひたすら守護霊、守護神にすがりなさい、まかせなさい、というのが私の教えです。

原因は過去世にある

きょう生長の家の雑誌を誰かが持って来たから見たけれども、谷口先生が私の文章とまるきり同じようなことを書いていた。同じに書いてあるけれども、書いている想いが違う。私は守護霊守護神がハッキリ生きているということ、みんなについて助けていることを自分で体験して知っています。あちらはそうじゃない。あなたの心が悪いからそういう悪い運命が現われてくるんですよ、あなたの心の影ですよ、とさんざんいっちゃったあとなんです。

お前が悪い想いを思うから悪いことが出てくる、これは本当なのです。本当であるけれどそれでは救いにならない。夫が悪いのは妻の心が悪いんだ、妻が悪いのは夫の心が悪い、子供が悪いのは親が悪いんだ、といいます。ところが立派なお母さんからでも立派でない子供も生れる。とても立派な奥さんにひどい旦那さんもいる。その反対もある。それはどういうことかというと、今の二十年三十年五十年のあなたが悪いというのではなくて、その前の前の前の世、過去世からのあなたなのであって、ひっくるめたものの答が今出ているのです。ですから今とても素晴しい人であっても、いいことばかりしていながら、貧乏に苦しみ、病気で悩んでいる人もある。とてもいい旦那さんなのに悪妻で苦しんでいる人もある。あなたの心の影ならば、いい行いをしている人は必ずいい妻が来なければならない。いい行いをしている人は必ず金持でなければならない。

ところが大旨その反対です。なぜかというとこの世だけではなくて、前の世前の世の想いが全部つながって現われてくるのに、前の世ということを全然考えないで、この世だけでいうと、悪い悪いと責め裁くことになってしまう。責め裁くことをさんざん教えておいて、今更消えてゆく姿ってやったってもう遅い。だから私はもうお前の心が悪いなんて一切いわない。

お前の悪いその心は、過去世の因縁の消えてゆく姿だというんです。悪いと思うその心は、過去世の神さまを離れていたときの想いが、今現われて消えてゆく姿であって、決して今のあなたが悪いのではない、というのです。これでなくては神さまは完全円満だという説にはなりません。

神さまに悪はない

神さまは完全円満、神さまに悪はありません。神さまに悪を少しでも認めたら、この世の中はまっくらです。

先日、中外日報という宗教新聞の記者が来まして「先生はこの世に地上天国が出来ると思いますか。私は出来ないと思うんですが」というんです。「こんなに迷いに満ちているのに、出来っこないと思うんですが……」

私は答えて「地上天国は出来る。いつ出来るか知らない。しかし出来ます。なぜ出来るかというと、神さまは完全円満だから、神さまは愛だから、人間は神の子なのだから、絶対に出来るんだ」といったのですが、「あゝそうですかね、そんなものですかね」と全然その記者はわからない。

私も青年の頃そう思った。この世の中は悪い世の中だ、迷いに満ちている。しかし、私は、迷いに満ちているこの世界であっても、私だけは愛と真で生きよう、一生懸命人のために尽して生きよう、人が良くなる悪くなるじゃない、自分は人のために尽して死んでいくんだ、と思ったのです。

しかし、人間というものは生れかわり死にかわりして、ズーッと生きてきているのだということがわからないと、神さまの愛もわからなくなっちゃう。前生、過去世を認めることによって、霊魂の存在を認めることによって、始めて神さまの愛がわかるのです。この世をこの世だけ、肉体世界だけと思ったら神さまは愛ではありませんし、神も仏もありません。

肉体の人間は自分勝手

人間の心を考えてみれば、みな自分勝手です。偉そうなことをいっても、やっぱりいざとなったらば自分勝手になります。まず自分のことが一番大事です。自分の子供、自分の妻、夫が大事です。自分だけよければいいという心は神さまから出ているものじゃないんです。勿論、妻や夫を愛する、自分を愛するということは神さまから出ております。しかし、他を傷つけてまで自分を愛するというように、神さまは考えていないのです。ところが長年の習慣で、まず自分本位になってしまう。

自分というものは肉体としてあるでしょう、子供は自分のお腹から生れたでしょう、自分につながりが深いです。だから愛するようになっている。もっとも自分の子を愛さなければ誰も見てくれないからネ。そういうこともまぜて、すべて業の消えてゆく姿。そう説かないと愛するということが執着になるのです。これは自分の子だ自分の子だとしがみつく。自分の夫だからとはなさない。執着になります。自分の夫であっても、妻であっても、子供であってもすべて自分のものではありません。神さまのものです。自分のものは一つもないのです。

善も悪も消えてゆく姿

きょうも道場で話したのですが、一人の人が私の前に座れば、その人の守護霊がこちらに入ってくるから、私の感じはちょうどその人が自分の子供にみえます。また違う人が入ってくればまたその人が子供に見えます。そういうふうに何百人も何千人も子供がいるんです。けれども一日に二百人も会うのに、一人の人ばかり思っていて、あの人はどうしたろう、どうしたろう、とばかり思っていたら、あとからくる人のお浄めも相談にものれないでしょう。仕事にならないでしょう。

ですから、みんなすべては神さまから来ているもので、自分の夫も、妻も子供も、兄弟姉妹も、みんな神さまの命なのだ、隣りの奥さんも前の旦那さんも、みんな神さまの命なんだ。もし悪い行いがそこに現われたとするならば、それは神さまから離れている想い、業想念が消えてゆく姿なのだから、その人が悪いんじゃなくて、想いが消えてゆく姿として自分に悪いことをするんだ、というように思うんです。そうしますと、自分はいつもさっぱりしています。

愛しても把われない、悪にも把われない。善にも悪にも把われなくならないとダメなのです。善悪ともに消えてゆく姿です。善に把われて、善だけは消したくないと思って「私はきのういいことをした、私は去年いいことをした。あのいいことを忘れまい」それでちょっと失敗すると、いや前にいいことをしてあるから、これで埋め合わせがつく。きょうの悪いことは二点ぐらい、前にいいことを十点しているから、まだ八点残っている。だから、少しぐらい悪いことをしても大丈夫だ、という人があります。それではだめなのです。全部消えてゆく姿です。

言いわけはやめよう

なぜならば、人間というものは永遠につながっている生命であり、過去世からつながっている想いであるけれども、つながりながら、連続しながら、しかも一点一点なのです。そういうものが人間なのです。きのうどんないい行いをしても、きょう悪い行いをしたなら、その人は悪いのです。きのうどんな悪いことをしても、きょう善いことをすれば、その人はいい人なのです。

今迄どんなに悪い行いをしていようとも、悪い行いだと気がついた時には、それはいい行いに立ちかえる動機なのです。悪いということがわからないからこそ、善くならないのです。悪いことがほんとうにわかれば、止めるのです。「タバコすっちゃいけないんですが、私は」といってタバコをすっている人がいる。「タバコは肺癌になるんだそうですね、困ったものですね」。勝手になりなさい。悪い悪いと思ってやっていればなお悪いです。

悪い悪いと思ってやるのなら、悪いと思わないでやったほうがまだいい。なぜならば、自分を痛めないから。悪いと思ったら止めなさい。止める方法はどうしたらいいかっていったら、やっぱり消えてゆく姿と思うことです。「あゝタバコをのむ想いがあるけれど、これは消えてゆく姿なのだ」とほんとうに思ってごらんなさい。なくなってしまいます。

横関実さんの奥さんが、タバコを長い間すっていた。ところが風邪を引いて、咳が出て来て止まらなくなった。なんだか肺病みたいになってしまった。そうしているうちに、いつの間にかタバコをすわなくなっちゃった。

このくらいは仕方がない、とか、まあこのくらいは……と言訳けしていたらダメです。いけないと思ったらやめればいい。いいと思っていることはやめる必要はない。悪いと思ったらやめなければいけない。ところが人間は悪いくせがあって、悪い悪いといいながらやるのです。「私はどうも約束の時間に遅れる癖がありましてねえ」といって約束の時間に遅れる。わざわざ明日もおくれる必要はないでしょう。ちゃんと行けばいい。「私は寝坊でして……」って毎日寝坊しているのがいる。悪いと思ったら止める。そのやめられないという業は消えてゆく姿なのです。

註　白光真宏会前理事長

今日いいことをする

きのうやった悪いことも消えてゆく姿、きょうやったいいことも消えてゆく姿。今、いいことをしなければダメです。きのうやった善はそのまま消えてゆく姿だから、もうないのです。だから、きょういいことをしなければならない。

きのうどんな間違いがあっても、どんな失敗があっても、それは消えてゆく姿です。だから、きょう善いことをすればいい。

常に、今、今の一点を生かして、いいことばかりすればいいんです。いいこととは、人の喜ぶことです。社会のためになることです。会社の仕事なら仕事を、まじめに一生懸命やる。それは会社の役にも立つし、自分の命も生きます。何か一つのことに命をこめてやるということは、自分が生きていることです。従って神さまが生きていることです。誰にでも神さまの行いが出来るんです。

一心不乱にやるということは、流行歌手で美空ひばりだとかいましょう。彼女らが一生懸命やっていること、自分の地位をくずすまいと思って、自分の全部を出そうと思って、出してみんなに与えようと思って一生懸命やっている姿は、偉いと思うんです。ただ単に幸運の波にのって有名になったんじゃない、遊びたい盛りの娘が、ねる目もねずに、遊びもしないで、一生懸命やっている。金をかせぐだけでやっているんじゃなくて、やはりやらなければいられないものがあってやっている。あの一生懸命、真剣にやる姿は尊いんです。

真実の自己を知る

昭和32年8月11日　東京神田神保町区民会館

本当の人間の世界ではない

人間の中には、神の生命《いのち》が燦然として光り輝いています。けれど光り輝いているたましいを包んでいる業《ごう》の想いというものがある。それでたましいの光が外に出ない。お互いに外に出ないから、勝手に業の想いと業の想いとがぶつかって、喧嘩をしたり、恨み合ったり、憎み合ったりしているんです。その怨み合ったり、憎み合ったりしている人間というものを、本当の人間だと思いこんでいる。またそうするのが人間の世界だと思っている。だから、人間だから仕方がないさ、このくらいは、というような言葉が出ている。

ところが業想念を人間だと思いこんでいる以上は、絶対に救われようがないんです。また業想念の集りを国だと思いこんでいては、やがては第三次大戦でも勃発《ぼっぱつ》して亡びちゃしないか、というような懸念《けねん》が大きく出てくるわけです。今、考えてみて、今のままでゆけば救われる方法ありません。いつも話すけど、アメリカはアメリカで自分の利益が欲しいのだし、ソビエトはソビエトで、世界を征服して自分の圏力に入れてしまおうとする。その間に挾って、いろいろな国がお互いに自分の利益を考えて、利害関係のいいほうに、得がゆくほうにつこうとする。日本もそうです。

日本も得するほうにつきたいけれど、アメリカにつけばソビエトがこわい、ソビエトにつけばアメリカがこわい。中立すりゃなおこわい、と、都々逸《どどいつ》みたいになっちゃうけど。

ちっぽけな力のない日本はどこについてもこわいんだ。日本ばかりじゃない。どこの国もこわいのです。アメリカは原爆を造りながらこわい。いつソビエトから原爆水爆がとんでくるかわからない。イギリスだってこわいから水爆を造って実験したんです。俺のところでも持ったんだ、と示威《じい》運動をやったんだけれど、イギリスはマイナス一点つけちゃった。太平洋で実験をしたということは、世界人類に悪影響を及ぼしたんだからね。

作ったものは使いたくなる

この間アメリカの高官だかが、原水爆の実験などの放射能のわざわいぐらい、原爆や水爆が破裂した被害に較べればもののかずではない、というんです。それはどういうことかというと、もしアメリカが原水爆を実験してソビエトを押えていなければ、ソビエトから原水爆が落ちて来て、自分たちはおろか世界中がやられちゃう。だから原水爆の実験をして、お前の国より強い原水爆を持っているんだぞ、とソビエトをおどかして戦争の勃発を防いでいるんだ、というわけなんです。それも一理ありましょう、一理あるけど二理はないよね。道理じゃないんです。単なる理屈なんです。

原水爆をつくれば、つくったものは使いたいから、原水爆の実験をしているでしょう。人間って変なもんですよ。お金がうんとあれば使いたい、いい服を着たら見せたい。パーマをかけたら誰かにみてもらいたい、つくったものは使いたいんですよ。それが人間の心理なんだからね。だから原水爆をつくれば必ず使いたくなるに決っている。その最小限度の現れが実験なんですよ。

原水爆をつくることそのものがもう業の世界の中のことであって、神さまのみ心じゃないんです。お互いが相手を敵と想定して、相手をやっつけるという想いをもとに、爆撃兵器を造るということは、神さまの心じゃないでしょう。神さまの心じゃないけれども、人間の幼稚なる業想念の頭で考えれば、そうするより他に自分の国を防ぎ、世界を防ぐことが出来ない、というように思うんですね。ところが私はそうじゃないと思う。

神さまに委せた時、命が生きる

人間が全部自分の業想念を神さまにまかせた時、高橋君[註]の体験（『運命を恐れるな』105頁参照）じゃないけれど、本当の生命が生きるんでしょう。それで病気も治るわけです。それは世界の政治にも同じことがいえるんです。一人に通用することは世界人類に通用することなんです。人を愛するということが良いことだということは、世界人類に通じます。人をなぐってはいけないことは世界人類に通じます。一人がやっていけないということは、みんながやってもいけないということです。そういう簡単な原理を世界の指導者は忘れている。頭がこんがらがって、自分を守るだけに精一杯です。お金のあるだけを使って用心棒を雇っているようなもんですよ。

今、兵器を造らないと、アメリカの産業界など萎縮しちゃって、それこそ労働者が失業しちゃって大変なことになるんですよ。だから仕方がないから、原爆を造ったり水爆を造ったりする。これを造らなければまた何か新しい兵器を造らなけりゃならないでしょう。業想念があるから追いかけっこをして、やがては地球が亡びてしまうんです。

註　白光出版編集長

だから一ぺん、アメリカでもいい、イギリスでもいい、ソビエトでもいいけど（ソビエトはやりっこないけど）とにかく一ぺん神さまに全部がまかせるような気持に指導者がなればいいんだけれど、それがならないでしょ。ならせるようにするにはどうしたらいいか、神さまに全部まかせるようにするんです。まかせなければこの世は亡びる。一人一人でも神さまの生命《いのち》が生きているんであって、人間は神さまを離れてあるもんじゃないんですよ。神様を離れて人間があると思うのは、まことにおかしな話なんです。そのおかしな話というのが、唯物論者にはわからないんです。どうしてわからないのかおかしいくらいでしょう。

無知なる宗教の罪

どうしてわからないかというと、これは宗教をやった方にも罪があるのです。読売新聞にここのところ連載されている〝アジアの躍動〟とかいう読み物があるんです。そこにはインドやパキスタンや東南アジアの宗教が紹介されていますが、非常におかしなものなんです。東南アジアの人民は全部で六億いるといいます。六億の中で三億がヒンズー教、一億が仏教かな、あとは回教とかキリスト教とかいろいろありましてね、なんでも六億の中の五億ぐらいがとにかく宗教信者なんですよ。それでいながら非常に貧乏で、非常に無知で、いつの間にかヨーロッパ勢に抑えられてしまって、ヨーロッパの属国みたいになっちゃったんですね。

六億の民の中で五億も宗教をやっている、神様を信じているような人々や国ならば、神様は愛なんだし、神様は大調和なんだし大平和なんだし、無限の力なんだから、その神様とつながっている五億の民が、信仰の薄いヨーロッパ人に蹂りんされるという馬鹿なことはありっこないんですよ。ところが事実は知的唯物論的なヨーロッパ人の足元に平伏している。これをみると、宗教をやれば力が弱くなってしまって、その国は滅びてしまう、という実例になりますよね。

そこで東南アジアはじめ、アジアの人々の、知性のある、いわゆる頭のいいというような、学問のありそうな人々の一部は、ヨーロッパと結託して、自分の国の民を尻に敷いて、自分が優位に立って、儲けたいだけ儲けてぜい沢三昧。ある一部はそんなことでどうするんだ、そんな神様なんていったってちっともよくならないじゃないか、というんで唯物論的な共産主義に入ってしまう。だから東南アジアに共産党が大分いる。宗教があったことが、かえって人々の心を混乱させてしまって、世界を目茶くちゃにしていることにもなるんですね。

その宗教はどういう宗教かというと、例えていえば、牛を神様の使いだなどというんだね。牛が寝ていると離れて通るとか、牛が道の真中にいたら絶対に道を通らない。通れない。追いはらうなんていうことが出来ないです。それから托鉢の坊さんばっかり多くて、みんな一遍坊さんになるようなんだね。それで坊さんが多いんです。托鉢して食べるものをもらって歩く。働かない人民がたくさんいて、どうしてその国が栄えるわけがあるかっていうんです。あるいは牛の糞を体中に塗って修行するなんていう馬鹿なことをしている。牛だとか他の動物とかを神の使いだといって、人間より高くみているような、そういう無知なる宗教なんです。

唯物論と共産主義

そういう無知なる宗教がこの東南アジアには多いんです。そこでかえって宗教があることが唯物論の乗ずるすきになって、唯物論のほうが勝利を占めているんです。

東南アジアでも、唯物論的資本主義が、ひっくりかえって唯物論的共産主義に転換しようとしているんです。すでに中国は共産主義になっちゃったでしょう。これを共産党の人々は、始め原始的な頭の悪い宗教があった、それが資本主義にかわって、それが社会主義にかわって、やがて共産主義に全部がなるんだ、という風に考えている。そうなるに決っていると考えている。世界の動きをみていると大体そのようになりつつある。今、社会主義に移行しつつありますね。社会主義国というのは共産主義といっているけど、実際には共産主義までなっていなくて社会主義なんです。共産主義というのは全然私有財産が許されない。ところが今はまだ私有財産が許されていますからね、だから社会主義でしょう。

ソビエトを始め、東ヨーロッパがあり、中国があって、共産主義圏が世界の半分ぐらいあるわけですね。だん〳〵共産主義が世界に浸透しようとしている。何故そうなったかというと、誤てる宗教が根本になっている。宗教家の間違い、宗教信者の邪信、迷信が資本主義にその位《くらい》をゆずり、そして唯物論資本主義に位をゆずり、やがて共産主義にバトンがわたってゆきそうになっているわけです。

そこで今、共産主義陣営と資本主義陣営とが対立して、世界の二大対立が出来ているわけ。そして世界の国々は、お前は共産主義の国なのか、お前は資本主義の国なのか、という風に分れているわけですね。その分れた国々、民族がお互いに戦い合おうという幕が切って落されんとしているところなんです。

ですからこういう世界を造った原動力というのは、間違った宗教、邪宗教、その次が唯物論です。唯物論と邪宗教というものが、この世界の平和、大調和を乱している。ところが残念なことに、日本にも今、邪宗教が盛んなのです。

誤まった宗教とは

どういうのが邪宗教かというと――

本当は、人間というものは自分の中に、内部に神をもっているんです。分霊として、もっともっと深くいけば直霊としての本体があるでしょう。それが働いているわけです。その本体を助けるために、祖先の悟った霊の守護霊と、神様の直霊の分れである守護神とが、うしろから守っているのです。そして真実《ほんとう》の世界を造ろうとしている。それを知らないで、一つの型にはめて、この本尊を祭らなければ罰が当る、このお経を読まなければ罰が当る、この信仰に入らなければ罰があたる、入って、ぬければ罰が当る。罰ばかり当てているんでしょう。おどかしている。恐怖の宗教というんですね。

共産主義国の政治が恐怖の政治であったならば、邪宗教は恐怖の宗教です。年中恐怖している。年中おどかしている。おどかしつづけて信者をふやしている。やがて信者がふえると、その教団のお金とか財産とか勢力とか、いうものを利用して政治家が出て来て、手を組んで代議士になったり、大臣になったりしようとする。そうなりますと、東南アジアのように、宗教を信じている連中が、剣を持ち、武力をもって、お互いの宗教が戦いあうというようなことになるんです。そういうような第一歩を日本が踏んでいるんです。

二つの暗黒思想

今、日本をこうやって眺めてみますと、唯物論的共産主義と、邪宗教と二つの暗黒面があるんです。何故かというと、今までの資本主義の政治というものが非常にまずいでしょう。税金をなんだかしぼり取ろうとしているでしょう。そう見えます。失業者が大多数あって、食うに食えないような者がたくさんいる。政治が非常に貧しいので、そのマイナス面にのって、共産主義運動がおこってくる。共産主義国と手をつなげばもっといい生活が出来る。貧乏人は麦を食わないですむ、貧乏人も金持も余り差がなくて暮せるんだぞ、という共産主義の宣伝（事実はそんなにならないいんだけれど）とやはり貧しい政治のすきまに、自分の宗教に入ればみんな運命がよくなるぞ、やらなければ罰が当るぞ、というような威嚇した宗教と、この二つの暗黒面があるわけですね。

このままにしておくと日本はやっぱり駄目なんですよ。世界は世界で原水爆の対立で戦争するしかないというのでダメになりそうだ、日本は日本で邪宗教と共産党が抬頭して、このままでゆけばだめになる。そうすると、日本を救うものは何か、自分たち個人個人を救うものは何か、ということになってくるんですよ。

日本の立つ道

それはやっぱり全託でなければならない。神さまにいっぺん全部お返しをする。自分の想いを全部神さまにお返ししない以上は、この世の中は業の想念で渦巻いているんだから、どうにもこうにも仕方がなくなって、抜け出せない。この世的に処理するとすれば、共産主義につくか、資本主義につくか、アメリカにつくかソビエトにつくか、中立を守るか。どうにもならないでしょう。

日本は小さい。隣りの中国は共産主義でしょう。やすやすと手を握れない。インドと手を握ろうと思ってもなかなか手を握れそうもない。本当は日本とインドと中国とが手をつなげば大強固なる陣営が出来るんだけれども、日本は保守陣営、アメリカ陣営、中国は共産主義。真中をゆくのがネールみたいな中立主義というんですね。みんな思想が違うんで世界が一つにつながらないんです。

つながるものは何かというと、やっぱり宗教なのです。邪宗教ではないんですよ。自分だけがご利益がある、というそんな宗教じゃなくて、それをやることによって、世界の人々の心が神さまの名において、神さまの命において、お互いが手をつなぎ合えるというような宗教が出なければいけない。もう自分のご利益なんてありません。原爆が落ち、水爆が落ち、天変地変が起ったら、自分のご利益など吹っとんでしまいます。

そこで神さまは私のような人を創っておいてどうしたらみんな救えるかそれを教えろ、といわしめているのです。それは何かというと守護神宗教というんだね。守護神によって救われるというかたちですね。それで私はいつもいうんだけども、どういう風にしてやるか、いくら聞いても頭にだけ入れてたんではダメなんです。実際に行わない限りはなんにもならない。

私の宗教の根本は何か

私の宗教の根本は何かというと、あなた方が今悪いのも、あなた方が今病気なのも、貧乏なのも、不幸なのも、今あなたが悪いんじゃなくて、前の世からのあなたの想いが、神さまを離れていた想いが、現われて消えてゆくんですよ、ということです。消すのを手伝ってくれるのは誰かというと、あなたを守っている、あなたの魂の親である祖先の悟った霊である守護霊である。その守護霊の上には、直霊の分れである神さまの分れである守護神がいて、守護霊の足りないところを手助けしてくれて、守っているんだ。それをあなた方は知らないで、今、あなた方の心が悪いと、自分が悪いと思う。人が自分に悪くすると、あいつは悪い奴だという。

しかし、あいつが悪いんでもなければ、こいつが悪いんでもなければ、自分が悪いんでもなくて、お互いの神さまから離れた想いが、因縁因果の波になって、業になって、お互いが争ったり、憎んだりしているんだ。お互いの業と業とがぶつかるその姿を見て、真実の姿だと思い、人間の姿だと思っている以上は、あなたの幸福はないんですよ、というのです。

ところがふつうの宗教はその反対でしょう。お前の心が悪いからお前の運命が悪いんだ、だからお前の心を直しなさい、とこういうわけです。これは本当にご尤《もっとも》だよ。ご尤だけれど、そんなに簡単に心が直るもんじゃないんですね。

お前神経質だから、その神経質を直さなければダメだ、神経質を直しなさい、といわれたって、ハイ直りました、というわけにはいかない。ハイそうですか、明日《あした》から直しましょう、なんてそんなわけにはいかないでしょう。恐怖心の強い人が、お前驚いちゃいけないよ、恐怖しちゃいけないよ、恐怖するからお前の運命は悪いんだ、といわれたって、明日から恐怖がなくなるわけじゃないですよね。そんなに簡単に出来ていない。業というものは、積み重なっているのだからね。

前生、前々生から永い間つながっているのだから、そんなに簡単に癖が直るもんじゃない。酒をのむのさえ止められないじゃないですか。タバコをやめるんだって習慣がついたらやめられないでしょう。左側通行から右側通行にもなかなかならなかったでしょう。そのようにくせというものは、なかなか直るものでない。

しかし左側を右側に直すぐらい、酒をのむのを止めるぐらい、タバコをのむのをやめるぐらいはなんでもないけれども、ものを恐れる心、神経質な心というようなものは、直せばいいといったって、そう直るものじゃない。

神さまの中に入る

　では一番いい直す方法はどうしたらよいかというと、いつでも自分は神さまに守られている者だ、という想いを強くすることです。何故ならば、神さまの中に入っていれば、恐怖はなくなります。神さま神さまと思っていれば、短気なら短気の想いが出ても、あっしまった、とこう思いますね。あっ神さまごめんなさい、あゝこれは業の消えてゆく姿だ、神さま有難うございます、という風に思えば、それに把われないで、想いは想いでぐるぐる廻って消えてゆきますわね。

　自分の中に存在していて、しつっこく喰いこんでいて、これは直るもんじゃない、という想いがある以上は直らないやね。私は神経質なんだ、と思っていては神経質は直りません。私は臆病なんだと思っている以上は臆病は直りません。私はいくじがないんだ、と思っていては、いくじないのは直りませんよ。いくじがないも、臆病も、神経質も、短気も、傲慢も、そういうものはいっぺんそのまま放っておいて、ただひたすら守護霊さん守護神さん有難うございます、と思いなさい、というんです。そうしますと、守護霊というのはそばにくっついているんだから、守護霊さんが消してくれるのです。

あなたの守護霊さん

守護霊というのは人間にくっついているのです。ひょうたんのようなの。守護霊の光が大きいでしょう。肉体人間は小さいんです。逆さひょうたんの形なのです。上が大きくて下が小さいんです。守護霊さんに感謝していれば、大きいほうから光がスウスウと流れて入ってくるんです。そして肉体人間のほうは力が出てくるんです。それで人間の内部、奥には直霊があるんです。奥というのは上なんだ。内部というのは天なんですよ。こんな形があるから邪魔でね、内部というと、先生薄いなあーどこにあるんだろう（笑）。すぐすけて見えちゃうけど見えないなんてね。物じゃない、形じゃないからね。この心の中から天につながっているんです。直霊というのがある。人間、人類の一番の力のもとです。その分れが分霊で皆さん。形の世界の方では上に守護霊がついている。その上に守護神が更に大きくついている。それで中の分霊の力を一生懸命出そうとして、向うから年中、光の注射をしている。

ところがほとんどの人は、自分に守護霊がついて一生懸命守ってくれているとか、守護神が守ってくれているとかいうことを、わからないんです。だから自分の運命が悪くなるとだめになってしまう。それで、よし救ってやる、うちの神さまを拝め、なんていわれるとついてゆく。何か知らないけどお経かなんか上げたりする。そんなことだけじゃ救われませんよ。

何故かというと、自分の神さまの姿、自分の神性というのを一番よく知っているのは、自分の守護霊であり、守護神なんです。自分なんですよ。自分が一番よく知っているのに、他人に頼む必要はないでしょう。自分の守護霊が自分についているんです。わざ〳〵よそへいって救ってもらうことはない。

ひどいのがあるんですよ。あなたに良い守護霊をつけてあげます（笑）。バカいっちゃいけないよ。自分の魂についているのに、いい守護霊もへったくれもありゃしないでしょう。守護霊も守護神もついているんです。うちでいい守護神をつけてやるから三千円よこせ（笑）。これはくらい少し位がいいから一万円だなんて（笑）。バカいっちゃいけないね。金でもって守護神がつくわけがない。そんなのがあるんですよ。

光につつまれた大きな自分

始めっから、オギャーッと生れた時から守護霊がつき守護神がついているんですよ。守護神、守護霊、分霊と三位一体となって、この地上天国を創ろうと思っているんです。それをみんなに知らせなさい、と神さまは私を使っていらっしゃる。私は一生懸命、守護霊だよ、守護神だよ、こうやってあゝやって守っているんだよ、といつも話しているんです。だからみんなも目をつぶっても、内なる霊の玉はこんなに大きいんだな（笑）、守護神はこんなに大きいんじゃ何が来ても大丈夫だ、と思うでしょう。この体の何倍も本当の自分は大きいのです。

肉体の体がここにありますね、この身体は小さいけれども、自分の本当の姿というものは、この何倍もあるほど大きいのです。だから自分が歩いている時は、大きい自分が歩いていると思いなさいよ。どんな大男が来ても、あいつは本当の大きさを知らないんだ、おれは知ってんだ（笑）すると向うはよけて通るわけ。

いつでも神さまに守られている。いつでも祖先に守られている。そうして生きているんですよ、この世界の人間は。それを知りさえすればいいんです。あとは消えてゆく姿なんです。自分が守護霊に守られ、守護神に守られているんだ、神さまにいつも守られているんだ、ということを本当に知らなけりゃいけません。いくら百マンダラ拝んだってダメですよ（笑）。信仰というのはそういうんじゃないんです。

信仰とは自分の中の力を出すこと

信仰というのは、自分の中の力を出すこと、自分の中の神さまを出してくれるというものなのです。それを宗教というんです。自分の外に何か拝んで力を得ようとするようなものは、間違った宗教で、唯物論の知性のまさった、現実主義、物質主義的なものに負けてしまいます。

今まで宗教が多く出て、いろいろな聖者が出たけど、どうして世の中は唯物論に負け、共産主義的、物質主義になったかというと、宗教が無知であったから、本当のことを教えていなかったから。お釈迦さまが出、キリストが出て、あんなにいいことを教えたんだけど、それを一般大衆が理解することが出来なかったんですね。理解した人は随分あるんだけど、理解した人が一般大衆に知らせることが出来なかった。何故知らせることが出来なかったかというと、理解した聖者とか高僧というものは、自分だけわかりすぎているんで、一般大衆にやさしく説くことが出来なかったんです。そういうことがあるんです。そこで私どもが出て来てやさしく説いているんです。

業の中に入っていない

あなたはここにいるけれど、あなたは神さまの分霊《わけみたま》としてここにいるんだよ、しかしその分霊が光り輝やかないんだ。何故ならば、過去世からの間違った想い、神さまを離れた業想念が分霊を覆っていて、あなたが自由に働けないんだよ、あなたが自分はダメだという想い、自分は勇気がなくてだめだとか、短気だとかなんとかという、自分を否定する想いはみんな業想念、あいつが憎らしいと想うのも業想念なんだよ、神さまのほうから来ているんでない。人間の真実のところから来ているんじゃない。そういう渦の中にいちゃだめだから、あなたは神さまの分霊であることを知っても知らなくてもいいから、守護霊がいることを信じて、守護霊さん守護神さん有難うございます、といって拝みなさい、祈りなさい。そうすると自分の体がズーッと神界に上っていって、業の想念でグルグル廻る世界を乗り超えてゆくから、業想念の三界の、あいつが憎い、こいつが憎い、うらめしい、というような想い、病気だ不幸だというような想いから離れるから、自分がたとえば風邪を引いていても、熱があっても、あ、熱があってもそれは消えてゆく姿なんだな、私は神さまと一つなんだ、と心が軽いですよ。

この前のお話の時も熱がとてもあった。とても苦しかったですよ。しかしそんなこと問題にしていないでしょう。消えてゆく姿にきまっているし、そんなことさえもう思いやしない。そんなもんなくなるに決っているんだからね。平気の平左で話している。そうするといつの間にか治ってしまうんですね。だから私の病気なんか一日病、一時間病、一分病というんです。年中病気になるがすぐ治ってしまう。永くて二日かそこらですね。別に寝やしません。ちゃーんと毎日出ています。それは何故かという、自分が業の中に入っていないからです。

私は体が弱かった

ところが私は丈夫な人かというと、丈夫でなかった。子供のときから弱かった。今だって実にやせていて、十一貫何百しかなくて、五尺二寸しかない。肉体としては最小限度です。昔、兵隊検査というのがありました。その時丙だったのです（笑）丙種合格ね（笑）。その時は情けなかったですよ。皆が甲種合格で威張っているのに、丙種合格。オイお前、うんうん、なんて突き飛ばされそうになって（笑）シャンとしろ、いえこれ以上なりません（笑）。胸をはれ、なんていわれてもなりゃしないんだ。威張られてやられてね（笑）甲種合格の人は丁寧にするけれども、丙種合格なんていうのは丁寧にしないんだから、蹴飛ばすんだから（笑）。

人間の屑のようにいわれた。でもどうもしようがないものね。実際に肉体的には屑だと思った。けれど心は燃えていたんです。お国のためにって。大東亜戦争が始まって、また検査があった。丙種のものも再検査したけれども裸になったらもう見やしない、ダメだって（笑）そんな体だったのです。肺病やみと間違われた。けれど今は全く違います。そんな弱い体はなくなってしまった。

この中に自分がいるけれども、これは神さまとしているんであって、肉体の五井昌久としている、と思っていないんだ。肉体は器、その器は神さまがいつも掃除してくれているから大丈夫だ、と思うの。業の中に入っていないんです。病気の中に入っていないんです。不幸の中に入っていないんです。いつも神さまの中にいるんです。だからなんでもないんです。

闇を光と交換する仕事

私は神さまの中にいたまま、みんなの迷いの中に入って来て「病気？　いけませんね、ちょっとうしろを向きなさい、大変ねェ」と同情しながらお浄めしているでしょう。その時は向うの波が自分の方に移って来ます。その間一寸苦しいだけで、すぐ直ってしまう。すると向うも大体よくなってくる。私に会っていると、いつの間にか向うがよくなります。何故かというと、みんなこっちへ移ってくるんだものね。闇と光と交換するんだからね（笑）ひでえね全く（笑）。闇商売でなくて、闇を取り上げる商売（笑）私の商売は屑屋みたいのものですよ（笑）。みんなの屑を取り上げちゃ、ハイ一ちょと籠に入れている。そうするとこちらの霊団の神さまたちが、ハイご苦労さん一ちょ上り、と持っていってくれる、また屑がたまると一ちょ上りと持っていってくれる。それで天界で清掃して、ちゃんと使えるようにしてくれる。

私は屑屋だ（笑）それに消防夫だよ、みんなの煩悩の火を柏手を打って消すんだから。闇買い上げ業、吸い取り紙だしね、いろいろありますよ。それでもって参らないというのはどういうわけかというと、自分の想いがいつも神さまの中にあるからです。だからみなさんもいつも自分の想いを守護霊、守護神の中に入れておけば、病気をしようと、風邪をひこうと、貧乏になろうとそれはあまり問題にならない。みんな消えてゆく姿です。どんどんなんでも消えてゆきます。すべて消えざるものはありません。

私の宗教

昭和32年8月11日　東京神田神保町区民会館

呼び戻しさえしなければいいのだ

どんなものも消えないものはない。想いというものも、どんなシャクの種も、やがて消えてゆく。そのシャクの種を再び呼び戻すからいけない。消えてゆこうとするのを呼び戻す。たとえば前に失敗したものを、又繰り返して、あゝあの時あゝしなければ、こうしなければ、というんですね。あの時こうしなければ、この時こうしなければ、といったってしちゃったものは仕方がないでしょう。

覆水盆にかえらず、というでしょう。してしまったことを何時まで悔んでもしょうがない。ところが大概の人はしてしまったことを悔むのです。またしてしまったことを怒るのです。お前、バカなことをしてしまって、このヤロウっておこるでしょう。おこったってやってしまったことは仕様がないでしょ。しまったと思って自分で自分をいじめているところへもって来て、また誰かに叱られたりしてね。

子供が失敗する、そうすると親がかさにかかっておこっていますね。連れの子供がどぶの中に落っこちたりすると、よくお母さんがおこっているんですね。おこったって、子供の方は災難だよ。うっかりして落っこっちゃったんでしょう、どぶで泥だらけになっているのに、親が叱りつけたってしようがないでしょう。おまけにお尻を叩いているの。どぶに落っこちて痛くしたところへもって来て、また上ったところをお尻叩かれちゃかなわない。それを盗人に追い銭という。みんなやっています。

やってしまって仕方がないことを、またそこへ業を積んでゆく。そういうのを馬鹿という

（笑）。そうでしょう（笑）やって損したところへ又やるんだものね。してしまったことは消えてゆく姿ですよ。しまったドブに落っこちた、あゝ痛い、あゝこれはもっとひどいことがあるのが消えて、こんなに軽く済んだんだ、有難うございます、そう思えばいいのに、かさにかかっておこるのです。これはダメですよ。

上手な叱り方

子供を叱る場合でも感情的に叱ってはいけない。私はいつもいうんだ。心臓がバクバクするような叱り方をしてはいけない。いくら大きな声で怒鳴りつけてもいいから、心臓が平静でなけりゃだめですよ。子供を叱るんでも、夫を叱るんでも、妻を叱るんでも（笑）心臓がバクバクするような叱り方をしたらダメなんです。悪影響及ぼすんです。

たしなめなければならない場合もあります。子供でも夫でも妻でも注意しなけりゃならないことがあるんだから、注意するのは結構だけれども、心臓をバクバクさせるような注意の仕方をすれば、それは注意でなくて、自分の感情で怒っているんだから、業に負けているんだから、自分の心臓を痛め、胃腸を痛め、それで相手の心臓を害するんです。そういうことをしてはバカバカしいでしょう。だから常に自分というものを客観的にみて、神さまの側に入ってみて、業想念の動きをみていればいいのです。

ムラムラと来た。出てきたな、いつ消えるだろう、そう思えればムラムラは消えちゃう。だからいつでも自分の感情というものと自分の理性、知性というものが別個になっていて、知性が奥のほうにある、感情が前にある。これはおころうと脅えようと、何しようと、奥の方からみていて、あゝーそれは消えてゆく姿、勝手に消えてゆくな、というと一遍出て、あとはしばらく出ません。またやがてほかの違うものが出てくる。しかしそれも、あゝ消えてゆく姿だな、と思うと、又出て消えていってしまう。だんだん喉元までくるとフーッと消えちゃいますよ。外に現われないでね。それが達人になると、喉元に来ない前にヒューッと消えますよ。そういうもんなんですよ。

私の宗教

私の処にも、とても悪い想いを持ってくる人もある。こっちへフーッと移ってくるんです。くるけれど私のところへ来るとヒューッと消えるんですよ。そうすると向うは少しは軽くなる。私の前に坐っただけで、先生、何もしないけど軽くなった、という人が随分ありますよ。コンニチワ、と入って来た時に、今までの肩の重みがフーッと降りたように軽くなる人がある。それは重荷がこちらに移って来て消えちゃうからね。うちの屑籠に入っちゃうんですよ（笑）。バタ屋だっていうんだから。

神さまというのはそういうものなの。みんな消してくれるのが神様、それは守護神ですね。守護神に消してもらいながら、自分は真実の自分の本体直霊とつながってゆく。それで天と地とがつながってゆくと地上天国が出来る。天の姿が地に現われるわけです。それを知らなきゃならない。

今までの道徳律、修身、修養というものと宗教と本当に結びつけないと、その修養が生きてこない。たとえば短気を起してはいけない、愛し合わなければいけない、こうしなけりゃいけない、何々しなけりゃいけない、というものがあります。しなければいけないでなくて、自然になるようにならなければダメですよね。自然にならなければ咄嗟に間に合いません。水に溺れた時は落ちついて、こういう風に泳げばいいんだ、なんていって、いざ溺れた時にはアップアップあわてちゃうでしょう。沈んじゃいます。ところが日頃から修練していると、自然に平泳ぎなら平泳ぎが出ます。浮きます。日頃の修練が大事なんです。水に溺れても必ず浮くのだ、という信念があれば溺れないでしょう。

だからどんな災難があっても、どんな不幸があっても、必ず守護霊さん守護神さんが自分を抱いてくれているんだから、不幸に負けはしないんだ、災難に負けはしないんだという信念が強いと、しまいには災難さえも起らなくなってくるんです。そういう体験談はたくさんあるんです。知らないうちに人間が神さまに直結してゆくのです。それが今の私の宗教です。

祈りは何故いいか

それでたゞ思うよりもっといい方法がある、それが世界平和の祈りなんです。

世界人類が平和でありますように
日本が平和でありますように
私たちの天命を完うせしめ給え
守護霊さん守護神さん有難うございます

という祈りは何故いいかというと、世界人類が平和であるということは人類の希望でしょう。根本原理ですね。根本原理ということは大神さまの願っていることです。大神さまの願っていることと自分の願っていることと同じになれば、自分は神さまでしょう。大神さまの願っていることと自分の想いとが一つになれば、自分は神さまと同じ位《くらい》じゃないですか。その位に昇ってゆくんです。だから本当は、世界人類は平和である、日本は平和である、わが天命は完うされている、とそういえばいいんだけど、それでは偉そうで祈りにくいでしょう。だからもっと謙遜に、わざ〳〵お願いするような言葉にしたんです。本当はそういう意味。

世界人類が平和でありますように、というと、想いが世界人類が平和であれの方にいっちゃうんです。そこは神さまの世界なんです。それで最後に守護霊さん守護神さんお願いします、という意味で、いつも守ってくれて有難うございます、というわけです。そうすると、自分では守護霊守護神、あるいは絶対神のところまではなかなかいかないけれど、相当高いところまでいつも行っているんです。

世界平和の祈りは大光明

昨日《きのう》かな一昨日《おととい》かな、道場で「世界平和を祈る会○○支部」という看板を六つばかり書いたんです。斎藤秀雄[註1]さんが木を持って来たもんだから、すぐ墨をすってもらった。そして看板を並べてもらった。そこに私がお浄めの部屋から出て来た。そこに霊眼の開いている女の人がいまして、見ていたんですね。そうすると、私がお浄めの部屋から次の部屋へ出て行った時、私のうしろに観音さまがいて一緒にズーッと出て来たというんです。そうして私が看板に、世界平和を祈る会〇〇支部〇〇支部と書いて、みんなまとめて見ていたんです。そして並べた時、パーッと金色燦然としてますます金色が強くなって、そこにいる人たちが全然見えなくなった、なんというまぶしい光だろうといって感激したというんです。それを今朝話してくれましたね。

　そういう風に世界平和の祈りというものは、神さまの光そのものなんです。世界平和を祈るということは神さまの光がそこに下りているということなんです。塚本清子さんの体験談（世[註2]界平和の祈りQアンドA参照）にあったように、世界平和の祈りは葛飾八幡宮で祈っていたら、知らない占いのお婆さんが、あなたのうしろにもう金色燦然としてまぶしい、なんという素晴しい神様がいらっしゃるんだろう、といわれたというんです。何故そのように見えるかというと、神さまがそこに下りているから。自分が神さまの世界に行っているといってもよいでしょう。幾人にも見えるというのは科学性があるということですね。

すべての聖者が結集している祈り

村田正雄[註3]さんがみたのには、五丁目会館だったか、神田の会だったか、私が話し終って、みんなで世界平和の祈りをしていたら、そこへ一番初めイエスキリストがふつうの人間の体の大きさでサーッと現われ、次にお釈迦さまが現われ、それから観音さまが現われて、グルグル現われたり消えたりしていた、というんです。ということは、世界平和の祈りをしている時には、お釈迦さまもキリストさまもあらゆる聖者がみな協力して働いているということなんです。世界平和の祈りの中に、今までのあらゆる聖者が結集しているわけなんです。

今まで出た聖者はみんな世界を平和にしようと思ったんだから、みんなその一連なんだからね。世界を平和にしようと思わないで出た聖者はいやしませんやね。自分だけが悟るというのはまだ菩薩ではないんです。それが自分が悟って、今度はみんなを救いたいという風に思ってくる時、菩薩になるわけです。あるいは仏という。そうした菩薩、仏、聖者の総称全部の名前を救世主というんです。それが弥勒菩薩という名前で現われるというんですが、弥勒という一人の名前だとは私は思わないんです。ともかく今までの聖者がすべて結集するのが世界平和の祈りなんです。

南無妙法蓮華経について

祈りも汚れていちゃだめなんです。南無妙法蓮華経というのは日蓮がいた時には効果があったんですよ。始めてまだ汚れていなかったから使い古されていないから汚れが少いんです。題目を人をやっつけるのに使う、自分の利益ばかりに使う等して、よごしちゃったんです。折伏するなんていって、人をやっつけました。

神さまの世界というのは、お互いが愛し合い、いたわり合う世界であって、相手をやっつけちゃうなんていう世界ではない。そういう敵がい心を起せばその光は乱れてしまって光でなくなってしまう。魔になってしまう。業になってしまう。だから相手をやっつけるような気持で南無妙法蓮華経とやったって、ダメです、汚れてしまうんです。となえた人たちはみな汚れてしまいます。それではダメなので、全然違う経文を唱えるわけなんです。それには現代ではむずかしいことをいわなくなって、わかりやすい、誰にでも子供にもわかるような言葉がいい。しかも意味が同じであればいいでしょう。

南無妙法蓮華経というのは、この前も話したけれど、南無《なむ》というのは帰命するということです。帰える、一つになるという意味です。妙《みょう》というのは神です。たえなる妙々というんで神という。その神の法則が蓮華《げ》の如く花を開くという意味なんですね。それは悟っているという意味、仏さまだという意味です。だから南無妙法蓮華経というのは、おれは仏だ、仏と一つの者だ、神と一つになった者だ、ということなんです。南無妙法蓮華経のひびきというものはとても高揚しているでしょう。調子が高いですよね。それを知らないでやっている。

仏にもならないものが、ただ南無妙法蓮華経やったって効果はないし、幽界のいろんな生物、迷ったものが集って来て、唱えている人に住みついてしまいます。だからやっていればやっているほど、その人は業想念に包まれてしまう。それを消すだけの力がないからね。だからもし南無妙法蓮華経をやるんだったら、守護神さんを先に呼んで、守護神さん有難うございます守護神さん有難うございます、といってからやったらいいです。そうすれば守護神が業を消してくれます。いくら来ても守護神さんがやってくれます。そんなこと面倒くさいから、いちいち南無妙法蓮華経やらなくたって、世界人類が平和でありますように、といえば一本で通ってしまうでしょう。それで私は世界平和の祈りを提唱しているわけなんです。

祈っている時あなたは神界にいる

世界平和の祈りをすれば、必ず自分は神さまの世界にいるんだ、という信念をつくればいいんです。たとえば自分が今喧嘩してもいいんです。今、夫婦喧嘩してチャンチャンバラバラやって、出ていけ、あゝ出ていきますよ、とやったとします。そうやった後で、あっこれはいけないんだと思ったら〝世界人類が平和でありますように〟と胸がバクバクしていたっていいから、おやりなさい。それを何遍かやっている内に心が静まってくるから、今やったチャンチャンバラバラの業がそのまま消えてゆきます。悪い想いを起したから自分は祈れないんだ、というんじゃだめです。

私のような浅はかな者が、私のような力のない人間が、私のような業の深い人間が、世界平和の祈りをやったって、神さまと一つになれっこない、なんていう想いは業の想いです。何故ならば、人間の本体は神さまなんだから。自分が勝手に神さまじゃない、と思っちゃって、神さまでない行いをしたから神さまから離れているだけであって、神さまと同じ行いをすれば神さまになるんです。

世界平和の祈りというのは、神さまがやっている祈りなんだから、自分が世界平和の祈りをしようと思えば、もうすでに神さまの中に入っちゃっているのです。だからなんの仕事もしないで祈るという必要はないのです。仕事をしながら心の中で思ったっていいし、思い出すたびに祈ればいいんです。暇がある度びに祈ればいいんです。いつも笑っちゃうんだけれど、おせんべいを数えながら〝世界人類が……〟というからおせんべい何枚数えたか忘れちゃったというんです（笑）。やっぱり把われちゃっている。おせんべいを数える時は数えたらいいでしょう。それで心の中で世界平和をやっていればいい。

心の中で祈りを

世界平和をやるのも時間を選択しなければ（笑）。洗濯の時間なら大丈夫です。煮ものしていても大丈夫です。ただものを数える時はまずいですね。そういう場合は間違えちゃうから、今いったような想いでやれというわけ。電話しながら人と話しながら〝世界人類が〟とやったら何がなんだかわからなくなってしまうでしょう（笑）。だから世界平和をいつも祈っている想いで仕事をしなさい、ということであって、世界平和をいつも口の中でいえ、という意味じゃない。心の中でいつも思っているということ。電車の中にいりゃ世界平和を祈れるでしょ。乗ってりゃ暇だものね。坐っているか、立っているよりしょうがないから、世界人類が平和でありますように、と祈っているでしょう。そうすればその時は神さまと一つにいるんだ。電車の中にいる人たちまで一緒に浄まります。

ほかの祈りはなんにもいらないから〝世界人類が平和でありますように〟とやっていますと、自分の個人的な願いごともその中でかなえられるんです。何故ならば、世界人類の中には自分がいるんだから、自分は世界人類の中の一人なんだからね。一番小さな願いを一番先にやる必要はないやね。一番大きな願いをやればいいでしょ。一番大きな願いというのは、世界人類が平和でありますように、ということです。その中に個人の願いも入っているわけです。自分が不幸であって世界人類が平和であるわけがない。世界人類が本当に平和になれば、自分自身も必ず平和になるでしょ。世界人類が平和であって自分だけ不幸ということはないです。一人でも不幸な人間があったら世界人類は平和じゃない。

念仏の真義

昔、法蔵菩薩《ほうぞうぼさつ》という人は、私をよんで一人でも迷っている者があったらば自分は正覚をとらない、仏にならないといった。それが阿弥陀《あみだ》さまです。だから阿弥陀仏というものは、すべての人類を救うという神さまの現れなんです。念仏は神さまの宣言なんですね。南無阿弥陀仏ということは、阿弥陀さまが必ず世界人類を救ってくれるという念仏なんですよ。世界人類は必ず救われるんだ南無阿弥陀仏なんだネ本当は。それをお助け下さい、とやっちゃったからダメなんですよ。

念仏はお助け下さいじゃないんだ、世界人類が必ず救われるんだ南無阿弥陀仏というんですよ。法然《ほうねん》さん註4の念仏をみんな聞いたことはないでしょう、法然上人の念仏はいいですよ。私は聞いたんだね。とってもいい念仏。声も堂々としているし、朗々としている。そのひびきのよさってないですよ。厳《おごそ》かないいものです。私は修業中に、私の中で聞いたんです。ズーッと南無阿弥陀仏を唱えてくれた。誰かと思ったらそれは法然さんだったの。誰が法然さんだって決めたかってこれは私が決めたんだけどね。私の直覚です。ちゃんと見えているんだ。私の中で聞えているのも、見えているのも同じで、姿はちゃんと見えていて、聞えているんだからね。法然上人の念仏は本当によかったですよ。今の人たちがやっているような南無阿弥陀仏と違うんです。情けない念仏じゃないんです。もっと堂々とした朗々としたなんともいえない南無阿弥陀仏です。世界人類は必ず平和になる、というような想い、人間は救われているんだ、そういう想いが法然上人の南無阿弥陀仏にはちゃんと入っていた。こもっていましたよ。

私は録音機なんだ。今まで過去世からのいろいろの人の声や姿が写るんですよ。だから録音機でありテレビジョンであるんです。それは信ずる者は信ずる、信じない者は信じないけど、法然上人の南無阿弥陀仏というのは本当に堂々とした朗々としたもんでした。一遍聞かせてやりたいようなもんですよ。これは残念ながら私だけしか聞けないんですね。今に聞けるかも知れませんよ。

今に、亡くなった聖人や偉人などが、一人の霊媒なら霊媒を通して、みんなこの世にパーッと肉体の姿を現わすかも知れない。その時にキリストも現われるでしょう。仏陀も現われるでしょう。いろんな人が現われるでしょう。必ず現われる時がありますよ、私はこれを予言しておきますよ。

註1　白光真宏会理事
註2　パンフレットで一部八〇円
註3　「私の霊界通信」著者・白光真宏会理事
註4　浄土宗開祖

自分を神へ明け渡せ

昭和32年10月12日　市川五丁目会館

ギレリスの演奏会について

一昨日、ソ連のピアニスト、エミール・ギレリスの演奏会にいって来ました。素晴しい演奏でした。私と同じ一九一六年に生まれているのですが、体がガッチリした人です。坐ってピアノに向うまでは、あたり前の人です。ピアノを弾き出しますと、それがものすごいんですよ。口にも言葉にもいえないような。指とか手とか体とかいうんじゃなくて、私でいえば、話をしている私は肉体でしょう。だけどこれは器でしょう。テレビのボックスですね。ところが話をしているのは神さまなんです。神の波動がひびきが伝わってくる。それと同じように、体はあるんだけれど、無いんです。もう統一しちゃっているんですね。

彼は五才からピアノをやっているんですから、三十五年ぐらいやっているわけですね。練習に練習を積んでいますから、指がまるで人間の指じゃないくらいに動くんです。体全体でピアノを打つんだけども、体がもう無いんです。空《くう》になっちゃって、まるで光の固《かた》まりみたいになってピアノに向かっているわけね。そうするとピアノから飛び出す音が、フォルテシモといって大きな強い音が大きな音で、雷のような迫力をもって迫ってくる。天界から音が玉になって流れてくる。金色の玉だの青い玉だの紫の玉だのが、飛んで回っているみたいに素晴しいひびきをもって、こちらにぶつかってくるんです。

小さい音は小さい音で、聞えるか聞えないかぐらいの音が、一音一音ハッキリとまるで金の玉を転がすようで、胸を打ってくる。音がさまざまの美しい玉になって、空に踊っている。キラキラ光ってピアノの中からひびいてくるんですよ。そういう演奏でした。筆舌に尽せない素晴しさでした。

曲はシューマンのもので、シューマンの想い、シューマンがそのまま現われて、フワーと私の中に入ってくるんです。そうすると、シューマンがその曲を作曲した時の感じがそのまま、さーっと私の胸の中に入ってくるんです。その曲は映画にもなりましたね。奥さんのクララ・シューマンに一番先に弾かせた曲なのです。クララの弾きたい〳〵という想いもあるし、夫婦の愛情と祈りというものがまざった、とても素晴しい律動、ひびきがこっちの中に入って来て、私は涙が出て涙が出てしょうがなかった。何故かというとシューマンの気持がそのまま伝わってきたからです。

そのように作曲家の気持がそのまま百パーセント伝わってくるような演奏をする人は、いまだかつてないです。このピアニストは世界一だ、と私は思いました。今迄私が聞いた人の中では一番うまかったですね。どうしてそれだけのものが弾けるかというと、三十五年間やっただけじゃなくて、前の世でもさんざん音楽をやっているんですね。本当に勉強に勉強を尽して、それでこの世に生まれてきているので、五才から始めて才能が発揮されたのでしょう。前の世から練磨に練磨を重ねたものが、四十一才かでもって、絢爛として花開いているわけです。そして隔絶した素晴しいピアニストになったわけですね。そういう音楽を聞いていますと、天上と地上が一緒になってしまって、今、天上界にいるんだか、地上界にいるんだかわからなくなる。そういうのは私だけが感じたことではなく、批評家もそのように感じたようです。

そういう素晴しい音楽を奏でられるのはどうしてか、というと、練習の極致でもって自分の心が空《くう》になってしまったんですね。それと同じように、この世の生活というものも、懸命に真剣に仕事に打ちこむという場合には、その人は光になっているんです。

人間みな天命をもっている

人間が一人一人この世に生まれていることは、一人一人が必ず天命を持っているんです。必ず何んかの天命を持っている。天命を持たないで生れてくる者はいないんです。その天命が今生において果しきれるか、来生までつづくか、来来生《らいらいしょう》において果しきれるか、それは別として、天命を持って必ず生れてくるんです。魂が初めて分霊として一遍、地上界に生まれて来た時から、もう再び地上界に生れてこない、という最後までの間に、大きな天命は完うされる。その間に小さい天命というものが、その生、その生でもって完うされてゆくんです。そういう風になっているんですね。

一昨日聞いたピアニストを私はリストだというんです。リストという人はハンガリアン・ラプソディなどを作った人で、ピアニストとしては世界というより、今まで生れてきた中では、最高の人だと私は思っているんです。そのリストそのままに見えるんです。だから私はリストの再来だというんです。リストが生れ変っているか、リストが守護神になっているか、とにかくリストの生れ変りという形なんです。だからうまいわけなんです。

そのように皆さんがここに生きていましょう。必ず誰かの生れ変りなんです。皆さんは案外有名な人かもしれないんですよ。今、貧しい家の娘さんに生れている人があるかもしれないけれど、或いはお姫さまの生れ変りかもしれないんですよ。いろんな生れ変りというのがあるんです。そして前の世、前の世過去世からのいろんな修業や勉強が、今実って来て、ここで花を咲かせるんです。

巡り会うことが決っているということは

みなさんは今、私に会って話を聞いておりますね。そうすると今生でひょっこり会ったようでしょう。誰かに紹介されて会ったとか、ぶらっと来て会ったとかいうふうに考えられますけれど、実はそんなに生易しいもんじゃなくて、前の世でも前前世ででも私に会っているんです。私は前の世でも坊さん、前前の世でも坊さんなんです。いろいろの因縁因果でこうやってめぐり会うんですよ。それで巡り会った時には、あなた方の運命は決まっているんです。巡り会わなかったらどうなるか、めぐり会ったらどうなるか、ということよりも、巡り会うことが決まっているということは、巡り会ったらその人の運命は悪くならない、ということが決まっているんです。

何故悪くならないかといいますと、私がこの世に来ているのは、個人的な私の仕事なんていうものは何もないのです。ただ皆さんの天命を完うさせようということ、それから世界の平和を樹立しようという、二つの目的で来ているのです。だから皆んな一人一人の運命をいつもいつも想っている。あゝあの人どうしたかな、病気は大丈夫かな、あの人大丈夫かな、年中想っているし、こっちのことを想う人の波をいつも感じているんです。そういう時には、その人に必ず知らせがあるんです。美事なかしわ手が聞えたり、夢に見るんです。皆さんが想っても、私のほうじゃわからないだろうと思ったら間違いです。思った時には必ずこっちに通じているんです。ハッキリ私の肉体の頭に通じてきて、私の言葉として出る場合もあれば、言葉として出ないけれども、チャンと実証を与える場合もある。皆んなが千人も二千人も三千人も一万人も想った場合に、私の頭の中にいっぺんに入っちゃったら困るでしょう。私、気違いになっちゃいますからね。そういうことはないけれども、一番必要なものが必要なように、皆さんの所に答えとして出てゆくんです。

すがれば必ず通じます。思えば必ず通じます。叩けよさらば開かれん、求めよさらば与えられん、というイエスさんの教えは真実《ほんとう》なのです。求めなければ与えられません。叩かなければ開かれません。だから叩いたらいいんです。求めたらいいんです。先生に頼んだって、先生にはわからない、と思うなら、わからないんです。なんでもかまわない、理屈なんかいらない。先生がこう云ったんだから、って思えばいいんです。

人間の本体は神そのもの

何故そうなるかといいますと、人間の本体というものは神なんです。それを直霊と私はいってます。「神と人間」にも書いてありますけれども、人間の本体は直霊、なおびといいます。それは太陽のようなものです。太陽よりもっと光り輝いたものなんです。それが私の本体でもあり、あなた方の本体でもある。そのひびきが、その光が伝わって来て、みんなこういう人間になっているんですよ。それがわからなくて、ただ肉体の人間だと思うんです。

私の母親がこの間他界しました（昭31年9月16日）。11月３日が四十九日でした。うちの母親というのは平凡なるおばあさんなんですよ。素朴なる律義なるおばあさんで、特別なんの働きをしたわけじゃありません。肉の眼でみるとただの皺くちゃのおばあさん、しかし神眼を開いて見れば、その人の本体を見れば神さまなんです。うちのおばあさんばかりでなく、あなたもあなたもみんなそうなんです。ところが自分は真実は神さまなんだ、と思う人はいないでしょう。お釈迦さまやキリストだけが神の子であって、自分たちは神の子だなんて思いやしませんね。自分たちは全然違うんだと思っている。ところが本当は同じなんです。けれど同じだと思えない。想わないというより思えない。思った人は真実に神の姿を現わし、奇跡を現わすんです。

私の母親もそう思えないで亡くなったんだけれど、ちゃんと神さまの座に行っているんです。私もそう見たし、霊能的な人もそうだし、村田正雄さんもそのように感じたんです。事実そうなのです。どうして大したことのないおばあさんが、神界まで、光り輝いているようなところへ行けるのか、といいますと、この世における業を全部私のほうに肩代りしているわけなんです。私が人を救うことによって、光がゆきますから、それが帳消しになっているわけなんです。プラスマイナスゼロになりますと、零になって霊になっちゃうのです。零というのは教理的には意味があるんですよ。零になっちゃうと業想念がなくなっちゃう。そうすると神である直霊の中に入ってしまうんです。だから神界へゆくのはあたり前なんです。ちっともおかしいことはないんです。

人間というものは、あゝじゃない、こうじゃない、口惜しい、憎らしい、怖《おそ》ろしい、恨めしいなんて云ってますと、云っているだけ魂が重くなって、下にさがっているんだけれども、そうした想いがなくなると、空《から》っぽになりますと、神界へ行っちゃうのです。行っちゃうんではなくて、初めからそこにいるんです。初めからお天道さまのように光り輝いているんだけども、自分の想いで曇らせて、お天道さまの光を螢光燈より暗いものにしちゃって、この世の中に生きているんです。暗くするものは何かというと自分の想いなんです。自我欲望想念なんです。業想念と私がいいます。業想念がなくなれば、その人は自然に神さまの中に入っちゃうので、神さまになるわけなのです。誰でも出来るんです。

想いをすべて神さまに返す

人間はすべて仏子《ぶっし》である、神の子であるというのが本当の教えでしょう。法華経では、お前たちは火にも焼けない、水にも溺れない、金剛不壊《こんごうふえ》の実相心である、というんです。そういわれても、実際問題としてそんなことは思えませんでしょう。私は火に焼けないかしらと思うでしょう。肉体を感じるからね。自分が神であり、仏であるとは思えないでしょう。それは何故かというと肉体を感じるからね。肉体の業想念を感じるから。ところが真実は人間は肉体ではないんです。肉体ではなくて神体であり霊体であるのです。だけどそういわれてもわからないでしょう。ただそうかなあと思うだけです。

そういうことをいろいろ考えるよりも、もっと楽な方法があるんです。それを私が教えているわけなんです。それはどういうことかというと、自分の想いをみんな神さまの中へ投げ出しちゃいなさい、神さま！　と神さまの中へ投げ出してしまえば、自分の業想念がなくなります。また出てくれれば神さまのところへやっちゃえばいいんですからね。また出てくれば消えてゆく姿だって神さまのところへやるのです。

なんか辛いことが出て来たら、あゝそれは消えてゆく姿として現われて来たんだ、と思って神さまへ渡すでしょう。また何かいやなことが出来たら、あゝそれは消えてゆく姿と思って、神のほうに渡してしまう。自分がいいとか悪いとか思う必要はないんです。

今日、或る人が来ましてね、天理教の教師のところに連れていかれたというんですよ。そこで、あんたは天に借りがある、だから天借を返しなさい、そのために天理教にあげなさい、と云うんですって。私のいうように、お前は神の子、仏の子なんだから、お前がいろいろぐちゃぐちゃ思っているのが天理教式にいえば借金なんだから、それを全部神さまに返してしまえばいい、というわけなんですよ。天理教の教師はそうは説かない。天借を返せというのは、物だとか、お金とか、労力だとかそれを天理教の奉仕に出せば救われる、とこういうんだけれど、それは嘘の皮。

自分の商売もしないで、天理教まいりばかりしていて天理教の奉仕をしていたら、商売は上ったりになってだめになっちゃう。それは天理教のご都合主義、ごまかしであって、私はそんなことをいうんじゃないですよ。教祖以外の人が自分の教団をふくらますために、屋敷を払って田売りたまえ天理王命になっちゃった。そうさせちゃったんです。ところが本当はそうじゃないんです。自分の想い、うるさくやかましく、いちいち思う想いがあるでしょう。その想いを神さまに全部差上げてしまう。

いのちを生かすのが宗教の使命

〝神さま、私には人を憎む想いがあります、悲しむ想いがあります、恨む想いがあります、情けなくなる想いがあります、ほしい想いがあります、惜しい想いがあります。いろいろありまして、私一人ではどうにもなりません。これを神さまに差上げますから、どうか神さま受け取って下さい〟

出してしまうんです。そしてサッパリするんです。神さまにもう返しちゃったんだから、私はせいせいした、とこう思うんです。それでまた出てきたら、また返すのです。また出て来たら又返しちゃう。いやなことが出て来たら、みんな神さまに返して、自分を責めてはいけませんね。他の宗教ではみんな責めるんですよ。

今もその人に話を聞いたら、肺病になったというんだね。肺病になったのは家の棟《むね》が悪いんだ、棟《むね》が悪いから胸が悪くなったと云うんです。そんなバカな、語呂合せではありませんよ。その家にいたくないから尻がむずむずして、痔になった、とか、神に遠くなったから頭がはげてくる、などと真面目《まじめ》にいうんですよ。一理はあるんです。あるけれど、そんなことをみんなにいって、人を責めて歩くのが宗教ではない。それは精神分析といって宗教とは相異ることなんです。

宗教というのは、人の心を安心させ、命が生きいきと働けるようにするものなのです。命を生かしてゆく、それが宗教なんです。人をいじめて、裁いて、人の気持を狭くして命を縮めてしまうものは宗教ではないんです。宗教家というものは、人の命をのびのびとさせる、この世の中でも、あの世でも、のびのびと命を働かせ、神さまの命を粗末にしないで生かす、ということを修業するものなのです。宗教精神というのはそういう精神なんですね。

宗教をやったことによって、それに把われ、罰があたりはしないかとか、こうしちゃ悪くないか、私は悪い人間じゃないかとか、この想いは悪くないか、あの想いは悪くないか、といちいち自分の想いを詮索して、自分を責め裁き、人を責め裁くならば、宗教なんかやらないで、かえって共産党みたいに、やりたいことをやったほうがまだ〳〵幸せです。ところが宗教は新興、既成といわず、すべてが人間の心を裁いているんです。責め裁く宗教なんていりません。そんなら、素晴しいピアノを弾いて、みんなを喜ばしたほうがよっぽどいいです。

自分を生かし人を生かす

一昨日のピアニストはなんにも理屈などいわないです。ピアノをパラパラと弾くだけでもって、全聴衆の胸を感動させて、生き甲斐を感じさせるんですからね。あゝいう素晴しいピアノを聞くと、あゝ生きていてよかった、人間はいいなアと思うんですよ。この世界がなんか光り輝いてくるように感じるんです。それほどに素晴しいんです。それは何故かというと、自分が真剣にピアノならピアノにすべてを投げ出して打ちこんだ。それが成果をあげ、それだけになっている、統一したわけです。そこから光を放っているわけです。そういうことがわからないと、本当の宗教にならない。

宗教というのは自分を生かす、自分の命を生かすのです。生きいきとのびのびと明るい生活にしなければ、宗教をやっている甲斐がなんにもないです。いくらお賽銭をあげたってだめです。明るくなる、屈托のない人間になる、のびのびと生きる。そういうことが根本であって、あとの細かいことはどうでもいいですよ。その線にそっていれば何やろうといいです。

自分の命を生かす、人の命を生かす、こういうことが根本なんです。それに反するもの逆らうものは宗教ではない、それは神の教えではないんです。神さまは人間を自由にしたくて、自由にしたくて仕方がないんです。人間が自分勝手に悩んで、勝手に自分はつまらない者だと思っていて、自分のやることにいちいちケチをつけて、せまく生きているけれども、なんとかして伸びのびと、自由に明るくさせてやりたい、いきいきと生かしてやりたい、そればっかり考えているんです。神さまはどうしたらそうなるか、といろんな宗教家を出して、いろんな道を説かせているんです。そして教祖とか開祖がまだ生きている時はいいけれども、亡くなってしまうと、めちゃめちゃになっちゃう。

詩「本心」を読もう

親鸞がいる間はよかったけれど、親鸞が死んでしまうと、浄土真宗なんていうのはおかしくなって、ただ死骸に念仏をあげているだけ、ということになっちゃうんですね。私の母親のお葬式の時に坊さんが来て、お経をあげているんだけども、お経じゃなくて、時間をとるために節ばかり伸ばしてるようなんですよ。それが絶世の美声ならいい気持になって声をきいているけれども、声も悪いのに、節ばっかり伸ばしている。節はうまかったです。節ばっかり練習したってね、それなら歌をうたったほうがいいです。たゞそうやればお葬式のような気がすると思っているんです。

お葬式なんていうものは、もっと華やかでなければだめですよ。そこへゆくと祝詞《のりと》はいいですよ。朗々として、変な節をつけないで堂々としています。経文というのは長々と読むものじゃないです。人間はこうすれば生きていけるんだ、あの世へいけばこうなんだ、ということを知らせてやるのがお経なんです。だから、白光なら白光を読んであげたら一番いいんです。「本心」という詩があるでしょう。『ひびき』[註]という私の本に出ています。あれを経文がわりに仏壇にあげてやってごらんなさい。みんな浄まっちゃうから。

註　巻末図書案内を参照

人間というものは肉体ではないんだ、本心そのものなのだ、本心とは神そのものなのだ、仏そのものなのだ、お前たちが勝手に迷って、勝手に悪い悪いと思っているから悪いんで、悪いという想いをはなせばいいんだ、何も悪いものを追いかけていって捕まえることはない、というのがあの詩です。

痛む想いが消えてゆく

自分が悪いということは、自分で思っているだけなんです。自分が病気でどこか痛いとする。痛いと思うと余計痛いんです。私はここのところ珍しく膿が出ているんです。傷があるんですね、今夜は打ちませんでしたけれど、昼間中、柏手をたたいていたんです。ふつうだったら叩くどころの騒ぎじゃない。けれど叩く。痛いと思ったら痛いですよ。ところが痛いということにあんまり気をかけないと、それ程痛くないんです。痛い痛いと思う人よりね。

怪我をしていて、痛い痛いといっている時に〝火事だ〟といってごらんなさい、痛さを忘れてとび出すでしょう。向うから火の粉がブンブン飛んできてごらんなさい、足を怪我していたのを忘れて走ってしまいますから。何が痛いと思うのか、それは想いが痛いんです。想いが痛むのです。だから今、怪我をして痛いというのは、前々からの痛む想い、人を痛める想いとか自分を痛める想いとかが溜っていて、それが現象の肉体の傷となって現われて、痛いんですね。ですから痛い時には、あゝこれは過去世から現在までの間に溜めておいた痛いという想いや、人を痛め自分を痛める想いが痛みとなって出ているんだ、ある期間痛めば消えるんだ、とそのようにハッキリ思うといいんです。

ハッキリ思うと、それは時間がたつと消えます。ですから痛むたびに、あるいは患《わずら》うたびにそう思うんです。そうするとなくなってしまいます。私のところへ古くから来ている人たちは、たとえば下痢をしたとすれば、ふつうは大変だチブスじゃないか、赤痢じゃないか、といろいろ考えるでしょう。ところが下痢をすれば、あゝ毒素が出ていくんだっていうんで平気なんです。疲労の毒素が出て体がよくなるんだ、と思っています。面疔《めんちょう》が出来れば、膿が出ればもっと顔がよくなるんだ、というように思うんです。実際に、面疔や出来物がたくさん出来ても平気な顔をしている内に、きれいになって、前より美人になった人があります。

病気を追いかけてはいけない

どんなに病気をしようとも、それに引っかかることはありませんよ。それは過去世の因縁が消えてゆく姿なのです。溜っているものが現われてきて、病気のようになって消えてゆくんです。毒素になって消えてゆくのに、それを追いかけてゆくんです。折角、病気さん来てくれたんだから、消えちゃったら困ると思って、熱が出た、大変だ、痛い痛い、とやっているんですね。大変だ病気だ、ということは病気を追っかけていることと同じなんです。病気を追いかけていたのでは、病気は離れません。そんなに呼び止めて下さるんですか、有難うございます。と又入って来ちゃう。だから追いかけることはありません。

消えてゆく業を何故追いかけるのか。あゝ守護霊さん有難う、守護神さん有難う、これによって私の体がもっと良くなるのでございます、と思うのです。また病気したら、あゝまた毒素が出てこれで芯からよくなるのでございます、といい、また病気したらまたよくなるのだ、といかなることがあろうとも、いいという想いのほうに向かなければいけません。いつ如何なることがあろうともですよ。

心の中の光を出す

どんな真暗な中にいようとも、暗ければ暗いほど燈《あかり》をつけなければならないでしょう。闇が深ければ深いほど明りが必要ですね。ところがみんな真暗な中にいて、真暗だ〳〵と云っているんです。マッチでもいい、なんでもいいから光をつければ明るくなるでしょう。自分たちが心の中に光を持っているのに、心の中の光を輝かそうとしないで、心の中の光をます〳〵覆ってしまっているんです。病気になったらどうしよう、貧乏になったらどうしよう、不幸になったらどうしよう、とやっているんです。だからだん〳〵縮こまっちゃう。もし悪いことが出たらば出た時ほど、心の中の光を出さなければいけないでしょ。

心の中の光を出す一番いい方法、山にこもったり、滝にあたったりして、大変な修行をしている人たちよりもっと素晴しくなる方法があります。皆さんの目には見えないけれども、皆さんが世界平和の祈りをする時には、神さまの光が自分のところへサーッと降りて来ているんですよ、自分がわからないだけなんです。守護霊さん守護神さんありがとうございます、と思う時には、守護霊さん守護神さんの光がすっと降りてきているんです。ですからそのまま続けていれば、きれいに業を払ってくれるのです。それがふつうはわからないでしょう。それでイエスさんは〝汝ら信仰うすき者よ〟と嘆いたんですよ。

私は前生で嘆きつくしちゃったもんですから、嘆かない。汝信仰うすき者よ、なんていわないんです。信仰はみんなうすいんだろう、仕方がないと覚悟を決めて、どうしたら一番信じ易い生き方が出来るかと、一生懸命研究して、今の教えが生れたのです。これはキリストの教えでもあるし、法然や親鸞の教えでもあるんですよ。やさしく現代的に教えているんです。それで私が実際見ている神界とか霊界とかいうものを、この言葉で現わしているわけなのです。

神さまを心から呼べるために

言葉というのは数が少ないんです。天界の本当の姿を現わすことは出来ない。今ピアニストの話でも、もっと話せばこうこう、と言いたいんだけども、云う言葉がない。言語に絶した霊妙さという素晴しいものなんです。それと同じように、皆さんが亡くなってからゆく世界というものは、心がきれいならばきれいな程、要するに神さまを信ずれば信ずる程、素晴しいのです。云いかえれば、真実は神界にいるのです。親鸞が最後の一念に南無阿弥陀仏と本当に思えば、極楽浄土へゆくと云ったと同じように、神さま！って本当に思えば神さまの世界へゆくのです。

ところがなかなか神さま！って本当に思えないでしょう。神さま神さまといつも思えないでしょう。真剣に思えないでしょうから、私が天と地をつなぐ柱、光の柱となって、サァ私にすがりなさい、私なら見えるでしょう、私が保証するからサァ右の手につかまりなさい、左の手につかまりなさい、首ったまにつかまんなさい。足にすがりなさい、みんなすがらしちゃって、年中、私は上に行ったり下に行ったりしているんです。

母親が昇天する時は私一緒についていったんですよ。たくさんの霊が光り輝いて降りて来ましたら、母親の幽体が肉体から起き上ってチャンと立ったのです。私も肉体をぬけて天に昇り、ある所に母親をおいて帰えって来たんです。まだ母親が新参でしょ、ともかく向うへ一緒にいって、向うで相談して来て降りて来たんです。皆さんがお葬式に来てくれたので、挨拶して廻りましたが、足が地についていないんです。向うへ行っちゃっているものだから、足がフラフラしているんです。その日は暫くはそんな状態が少し続きました。

第一番は神にすがること

そういう風に、人間というものはいつでもいつでも魂の故里である神界へ行っているんですよ。ただわからないだけなんです。神さま神さまと云っていると深く思えば思う程神さまの中に背が伸びるんです。そうすると神さまの世界にもいる、地上界にもいる、ということが出来るんです。天と地をつなぐ柱になるんです。水晶のような柱が立っているんです。それをいつも私はもって歩いているんです。大きいんです。無限に大きいんです。私を思いなさい、というでしょう、思えばその柱のところへ来るんです。だから私はその柱を伝わってどうでも往き来できるんです。その柱が無限にひろいということは、みんなの頭の所にあるんです。みんなの前にあるんです。だからそれにつかまればいいわけです。

神さま、守護霊さん守護神さん、あるいは五井先生といえば、柱につかまったと同じなのです。柱はエレベーターみたいになっていまして、スーッと上げてくれるんです。法然でも親鸞でもやったことなんです。一人一人のところに天と地をつなぐ柱があるんです。あるのにそれを認めない限りは昇れないんです。認めないと昇れないのです。たとえどんないい行いをしている人でも、神さまを認めない人は、亡くなると一遍おちるのです。そこで、神さまがいるのだ、と認められるまで修行させせられるのです。認めるといいことをした人はサーッと上っちゃいます。

自分の守護霊、守護神、要するに自分の系統の神さまを見つけない限りは、一遍向うで修行させせられるのです。よくこんなことをいう人があります。いい行いさえしていれば、神なんて思わなくたっていいじゃないか。そういう質問もありますけれど、いくらいい行いをしていても、しているように見えても、神さまを思わない、神さまの存在を信じない人は天国には行きません。絶対に行かない。何故かというと、本当にいい行いをする人は神を認めるのです。

実際いい行いをしていると思っていながら、自分をいじめているかもしれない。自分を極度に犠牲にして、自分の命を汚しているかもしれない。それは誰にもわからないでしょう。人のために尽しても、自分を常にいじめている人は天国に行かないんです。だからいいことをするとかなんとかいうことより、先に、神を知って、神さまにすがってしまうほうが一番なんです。どういう風にピアノを弾こうかというよりも、ピアノをたたく、一生懸命練習するほうが先なのです。剣道でも、こういう形もある、あういう形もあるというよりも、実際に練習したほうがうまくなるでしょう。

第一番に、神さま！てすがることなのです。神さま！てすがると神さまの力が入ってきて、神との間に天と地をつなぐ道が開けるんです。だから神さまと思うことが一番先なのです。それ以外に天国に昇る道はないです。キリスト教の人たちは、イエスを思え、イエスの御名によって天国に昇るんだ、イエスを思わなければ天国に入れない、というでしょう。イエスさんがキリスト教の天と地をつなぐ柱としてあるからね。だからイエスさんを本当に思ったら神さまのところへゆきます。だからキリスト教でもいいです。

肉体人間と霊の人間とを分けよ

ところがキリスト教では、汝、罪深き者よ、でしょう。お前たちは罪人だというのです。罪というのは私の言い方で云えば、一般に肉体を持った人たちは罪悪深重の凡夫です。それは肉体の人間をいうのです。キリスト教では肉体人間と霊の人間とを分けないでしょ。だから全部罪人だと思っちゃうんですね。それだからいのちが縮まっちゃうんです。やっぱり分けて、肉体の人間としては、どんなに偉そうなことをいっても、一つも悪いことをしないで生きている人はないのです。一日生きれば一日生きるだけの、動物を殺しているじゃないか、なんかの犠牲によって生きているんだから、罪人であることは間違いない。それは肉体人間なのです。肉体人間としては罪悪深重の凡夫だけれど、霊の人間としては神の子なのです。

肉体人間として生きるか、霊の人間として生きるか、二つに一つを選ぶことです。肉体人間としていくらいいことをしても、霊の人間として神とつながらない限りは、天国に行かないいんです。そうでないと間違います。たとえば共産主義の人がいます。共産主義でもいい人は素晴しいです。とっても立派な人もおります。あゝいい人だな、と思うんです。思うけれど、真実の神さまの道を知らないでしょう。神を否定していますね。だからいい人でありながら道を間違えてしまう。共産主義が日本にいいわけがない。世界にいいわけがない。それをいいと思っている。自分がいい人だし自分は正しいと思っているんです。ところが神さまというものにつながらないから、正しいと思いながらも道を間違え迷いの道に入ってしまう。だからこの人たちは天国に行かないんです。

今迄の生き方をご破算にせよ

今迄どんな行いがあろうとも、それらをご破算にして、ただ神さま有難うございます、守護霊さん守護神さん有難うございます、といって現われてくるものはみんな消えてゆく姿、今迄の想いもすべて消えてゆく姿、神さま有難うございます、という気持になると、自然にそれからの生活はいい行いになるんです。

菊地寛の小説に〝恩讐の彼方に〟という小説がありました。主人を殺して逃げた男が発心して坊さんになり、九州でトンネルを掘る。青の洞門というのを掘りましたね。無頼漢でとても悪かったんですね。主人を殺し、主人の妻と駆け落ちするんですね。山の中に入るんですが、その主人の妻がとても悪いんです。あまり悪いんでその男が驚いて、あゝこんな女と一緒にいたんではだめだ、といってその女の所から逃げて、心をすっかり改めて坊さんになり、何か人のために尽したい、というのでトンネルを掘るんですね。素晴しい坊主になった。そこへ主人の子供が来て仇を討とうと思うけれど、坊さんがすべて大衆のために、トンネル掘りのために献身して、一生懸命になっているんで、その真心に打たれ恩讐を捨てて、自分も手伝ってトンネルを貫通させたというお話があります。

このように、今迄人を殺し、さんざん悪いことをした罪深い人でも、一旦、悔い改めた日から、いい行いをしてゆくと、仏の道、神の道に従ってゆくと、今迄の罪穢《けが》れというものは消えてゆくのです。人を殺したんだからその人の子に討たれるのは仕方がない。しかしその討つほうがその真心、きれいさに感じてもう討てなくなってしまうんですね。そういう風になってしまうのです。

いい方へいい方へと心を向けること

人間というものは、今迄何十年か生きていれば、悪いこともするでしょう、人を騙してもいるでしょう、恨みもするでしょうし、妬みもしたでしょう。欲しいと思うこともあるだろう、いろいろなことや想いがあるだろうけれど、一旦、これはいけない、と思った時には、それはひっくり返っているのです。神さまごめんなさい、これからいいことを致します。それでまた失敗したら、神さまごめんなさい、いいことを致します、という。また失敗したらまたいいことを致します、と繰返し繰返しいい方へいい方へと希望する方へ心を向けてゆくんです。そうすると、その人は常に常に天国を見ている人だから、その想いが重なって、必ずいい所へ行くんです。そういうことが私の話の根本なのです。

消えてゆく姿ということと、神さまにつながるということ。自分の想いというものは、すべて神さまに返してしまう。もともと神さまから来た命なんだから、善悪すべてひっくるめて、神さまにお返ししてしまえ、そうすると、神さまの本当の命がここに現われて、自分の生活の中に神さまそのものの行いが出来てゆくんだ、というのです。

それには一年や二年で出来ないかもしれない、三年五年で出来ないかもしれない。一生かけて或いは二生かけて三生かけて四生かけて、命のつづく限り、命のつづく限りというのは肉体のつづく限りというのではありません、命というのは肉体を超えている。霊体になり神体になってゆくんだから、その命をかけて、一生懸命精進するんです。それが人間の人間たる道なんですよね。

神から来た命

昭和32年11月10日　市川五丁目会館

救いの力守護霊守護神

よく宗教に入りますと、お前が正しい行いをしなければだめだ、お前が愛の心を起さなければだめだ、怨《うら》み心を起しちゃだめだ、妬み心を起しちゃだめだ、悲しい心を起しちゃだめだ、というんですね。そういわれたって、正しい心の軌道《きどう》をはずれ、重い体になってしまって、泥《どろ》田《た》の中に入ってしまっているんだから、ぬけられません。そこで私はぬけられる方法を考えた。宇宙の法則から外れている人でも、泥田の中に入っている人でも、みんなすべてが救われる方法を考えた。考えたというより神さまから教えられた。

それは何かというと守護霊守護神論なんです。それに消えてゆく姿という教えです。

人間は肉体に生きておりますけれど、一分一秒、短い最小単位の時間でも、守護霊に守られていないものはないのです。中に内部の生命《せいめい》があります。分霊、分け命《いのち》があって肉体を動かしている。ところが動いているものは、一秒先のこと、一分先のこと、一日先のことがなんにもわからないんです。わからないで無我夢中で動いているわけでしょう。霊能的な人以外はわかりません。わからないけれども、一秒先、一分先、一時間、一週間先のことはみんな決っていることなのです。もう出来ていることなのです。それが現われてくる。

現われてくるのを見ぬいてくれるのは何かというと、うしろについている守護霊なんです。守護霊というのは、先祖の中の悟った霊です。何百年か前に亡くなった人たちが、霊界で浄められて悟り、自由自在になって子孫のうしろについて、守っているのです。その他に二体ついて大体三人ぐらいの守護霊が守っております。その上に守護神が守っているのです。そういう風になって一人の人間を守護しています。その守っているものの通りに動いていれば、一週間先のことも、一年先のこともチャンとうまくゆくんです。

神から来ている命を寸断している

そういうことを誰も教えてくれなかったから、自分の力でやろう、やろうと意気張っているわけ。自分の力でやろうと意気張りますと、なか〳〵自分の思う通りにならない。ならないから、だんだんだんだん自分というものに対して愛想が尽きてくる。俺はこんなに一生懸命努めているんだけどダメだ、こんなに一生懸命やっているけれどだめだ、というように考える。もう少し進歩した人で信仰心があるという人は、宇宙の神さまは唯一神である。その一なる神さまに対して祈ればいい、という心をもって一生懸命、神さま神さまと思う。思うけれど神さまを具体的につかむことが出来ない。

宇宙に満ち充ちている命、内在する神、自分の本心というものを掴むことが出来ない。中の神の分霊である、といっても内なるものを摑むことは出来ない。だから神さま神さまといいながらも、いつでも自分の力を使っているわけです。実は自分の力でいろいろ考えたりなどばかりしている。あれがいいんじゃないか、これが悪いんじゃないか、あゝじゃないかこうじゃないか、と頭の中でクシャクシャといつも考えている。神経衰弱になってしまいます。ところが大神さまというのは、大生命としてあるんです。山川草木いたるところにある、人間の内にも、すべての中に満ちみちている。大生命の働きがあって生きているわけです。それは法則でもあるのです。その法則はどこにでもあるんですよ。

大生命というものが分かれて、どの人間の内にもあるんです。だから皆さんはそのまま神さまなんです。そのまま神さまだけれども、神さまの分れた命だけれども、その神さまの命がいろいろな想いでもって曇ってしまった。人間の形が出来て、別々になっているものだから、自分と相手とは別なんだ、と思ってしまい、それをいつも思っているものだから、その別だという想いによって、生命の流れというものをちょん切ってしまっている。本当は一つである神さまなんだけれども、一つの神さまから出て来た人間なんだけれども、形が別々にあるために、お前と俺とは別なんだ、という想いが命をちょん切ってしまっている。そうすると神さまが横に寸断されてしまって、光線で流れてきているんだけれどそれを寸断しちゃって、一人一人別々になって、個人個人になってしまっている。

個人個人になりますと、個人は個人で自分を守らなければならない。相手より他人より先に自分を守らなければならない。向うも自分を守らなければならない。一集団、一国家としますと、その国家は相手の国家より自分の国家を守らなければならなくなる。向うの国家も同じこと。こん度は国家が大きくなってグループが出来ますね。すると西欧グループなら西欧グループを守らなければならない、ソ連は共産グループを守らなければならない。そのようにだんだん大きくはなるけれども、みんなお互いに自分の利益を守らなければならない。それはどういうところから来るかというと、人間の生命というものが、本当は神さまから来ているということを忘れちゃっているわけなのです。

現実は自分が一番可愛い

神さまは真実は一つなんですよ。大生命として一つの働きで、それが分れ分れに来ているけれど、元をただせば神さまの中に入ってゆくわけです。だから兄弟姉妹なんです。みんな一つの命で、兄弟姉妹なんだけれど、形が分れてしまったために別々になってしまった。その別々となった形と形の隙間に業というものが生じた。マイナスになります。光が流れません。それで疑いが起った、怨みが起った、妬みが起った、競争が起った。それが業想念となって過去世から長い間、グルグル廻って来て、この世を廻っている。

この肉体の人間の世界は、業の想いと神さまの命の波と、この二つの波がゴチャゴチャに混《まじ》って、善いことと悪いことが混り合って善悪混淆の世界になってしまった。今では善いことより悪いことのほうがウンと表面に浮き上って来て、今にも世界が破滅しそうな様相になっています。

こういう時代になりますと、神さまは一つなんだ、大生命なんだ、といっても、どうやってもこうやっても、どうにも仕様がないです。やっぱり自分のほうが可愛いし、人の国より自分の国のほうが可愛い。他人の子より自分の子が可愛い。そうなってしまった。なってしまった以上は、自分の欲を捨てて、他人のために尽せといったって、たかだか自分の余ったものをやるぐらいなもので、自分は食うや食わずで、人ばかり助けている人もない。あってもたまにしかない。一般大衆というものは、自分の一家というのが最大単位になってしまったんです。そういう風になってしまったんだからもう仕様がない。

そこで今までの宗教のように、隣人のために尽せ、自分と人とは同じ命なんだ、人のために尽せ、といくら説いても、頭ではわかるんだけど、実際問題として、行動に現わすことが出来ないんです。人よりも自分のほうが得したいんです。少なくとも人より自分が損したくないんです。学校へ行っても、自分の子のほうがよその子より褒《ほ》められたい。成績もよくなりたい。たとえば会社の入社試験を受けます。他人の子が入るより自分の子が入ったほうが嬉しいんです。あゝお隣りの坊やが入ったか、うちの子がおっこって結構だ、という人は少ないでしょう。大概、あゝしまった、隣りの奴入りやがった、こう思うんですよ（笑）

入学試験でも就職試験でも、なんでも、どうしても自分に利害関係があるものが一番可愛いんです。それにうまくやってもらいたいんです。よほどの聖者じゃない限りは、誰でもそうなっている。九割九分九厘九毛九糸そうなっている。そういうところにもって来て、ただ隣人を愛せよ、といったってダメだし、ただ人のために尽せといったってダメなんです。そんな尽し方じゃ世界はよくならないんです。たとえば水害がどこにあった。地震があった。そうすると義援金を送りますね。そういうことは出来るわけだ。自分のは十分にして、余ったお金をやるんだから。食べるものを一食に減らしてやるわけではないんだ。自分が優位に立っているから出来ますね。そんなんじゃだめなんです。そんな愛じゃこの世界は滅びちゃう。

守護霊、守護神にまかせる

そこで私は、肉体人間がどう考えて、どういう風に愛を行じようとしたって、他人のために尽そうと思ったって、それは高の知れたもんだと思ったんですよ。自分でどういう風にしようじゃなくて、自分の命を、自分の生命力を、自分の行動を、すべて後《うしろ》から正しく動かしてくれている守護霊や守護神に任せておくと、自然に自分が意気張らなくとも、神さまのいいように、神さまの生命が現われるように、他人のためにもなり、自分のためにもなるような行動が現われてくる。自分にも現われ向うにも現われてくる。

一番大事なことは何かというと、神さまが在るということ。大神さまとして神さまが在るということは、勿論、宗教をやろうとする人は大体感じているわけです。しかしそれは法則としてあるんであって、自分の生き方、日常茶飯事のことを指導してくれるのは大生命じゃないんです。大神さまが指導してくれるのではないんです。間違えてはいけませんよ。大神さまが指導してくれると思うと間違いますよ。でないとわけがわからなくなっちゃう。大神さまというのは完全円満なんです。完全円満のものがどうしてこんな悪い、間違ったような人間を造ったか、ということになっちゃうからね。大神さまというものと、業というものと、守護霊守護神というものを分けて考えないと、神さまの世界がわからなくなってしまう。

大神さまの法則というものがあって、その法則を外れてしまった人間が、神さまのいうことを聞かなくて、神さまを忘れてしまって、だん〳〵個人個人になってしまって、そこで業が出来て、悪が出来たんです。要するに形の世界において、肉体の地上世界においては、神さまの光と業と交《ま》ぜ合って、善悪の混合体になったわけでしょう。善悪が出来てしまった。善悪が出来てしまうと、大神さま大神さまだけではダメなんです。大神さまのほうではそれをちゃんと承知していまして、全知全能の神さまがやり損うわけがないんです。第二段階として、この地上人間を元の人間、神の分け命である人間に引き上げるということを初めっから考えておられた。それが守護神という姿でね、救済の面として始めからあるんです。その守護神などが働いて、お釈迦さまをつくったりイエス・キリストをつくったり、いろんな聖者をつくって、人間の救済に当ったわけです。それで現代になって来ました。

業を浄めてくれるもの

昭和の現代になって、浄めの光も、お釈迦さまの光が入っている、イエスの光が入っている、いろんな光が入って来て、だんだん奥のほうが浄まってきたもんだから、どんどん業が奥から追払われて表面に浮き上ってきた。浮き上ってきたから、今この世の中は、阿鼻叫喚の地獄がそのまま現われてきたような世界になっている。日本ばかりではありません。各国の青年が人を殺すのも平気の平左、火事を起すのも平気の平左、悪いことをするのも平気の平左になっているでしょう。昔はあんなことはなかった。そんなに青少年が悪くなかった。それが現在は、奥に潜んでいる悪い意識が光に追い出されてきて、一番表面に浮び上ってきてしまった。だから事もなく姦淫は犯し、事もなく人を殺すし、平気の平左で悪いことが出来るような、そういう人間が出来上っていましょう。

ところがその人間自体が悪いんじゃなくて、浮き上ってくる人類共通の業が、青少年にかかってきている。国としては原子爆弾の戦争のような形にまで浮き上ってきている。業が今まさに地上界から消え去ろうとする時なんです。それは神さまの心の中にちゃんとわかっている。その業を消し去ろうとするものは誰かというと、やっぱり、大神さまの分れである守護神なんです。守護神と皆さん方の祖先の悟った霊魂たち、或いは悟らなくても一生懸命国のために尽そうとする霊魂たち、そういうものが協力して、守護の神霊の団体が出来ていて、それが各所で働いて光を投入し、悟ったような人たちの中に光を入れて、大運動を起しているんです。それによってどん〳〵業が消え去ってゆくんです。

神さまだけを認める

そこで私はどういうことを説かせられたかというと、守護霊守護神がどういう風に働いているのか、守護霊守護神が実際にあるのか、ということです。このことについては私はさんざん体験させられて、守護霊もハッキリあるし、守護神もハッキリあることを認めて、皆さんに教えているわけなんです。教えていると、今、体験談をしてくれた石川忠育[註]さんではないけれど、悪いことをした弟子があっても、それをとがめないで、あゝ守護霊、守護神さん、どうかこの子の天命を完うせしめ給え、どうかこの子が立派になりますように、といっていると、朝のうちむくれてむくれて、どうなるかと思ったような子供が、晩になったらチャンと奥さんのところへ行ってすいません、と謝り、ニコ〳〵して和解しちゃうでしょう。

　言葉で小言をいったってなんにもならない。なんでかというと、癪《しゃく》にさわるんでしょう。相手の悪いことを認めているわけですね。悪を認めていて、お前悪いぞといったって、業と業のぶつかり合いになります。田んぼのぬかるみに入った人を救い出そうと、自分もぬかるみに入ってしまっては、自分がぬかるみに足をとられて田んぼから出られなくなります。共に出られなくなりますね。それと同じように、弟子や子供や他人の悪いところを認めて、お前は悪いぞ悪いぞ、と小言をいったってダメです。悪いですか、そうですか、俺は悪いんだということになるんです。悪いという想いが強く入ってしまいます。

それで石川さんは、守護霊さん守護神さん有難うございます、守護霊さん守護神さんにおまかせします、どうか子供の天命を完うせしめ給え、或いは向うの訴訟した人の天命を完うせしめ給え、どうか調和しますように、と守護霊守護神に想いをまかせちゃった。それは悪を認めているわけじゃない。たゞ神さまだけを認めたわけだ。守護霊守護神という名によって認めたもんだから、神さまの光が向うの子供の中に入る、訴訟してきた人の中に入ってゆく。そうすると向うが本心に立ち帰ってくる。欲張っていたものが欲張りを捨てちゃう。わがままだったものが我儘の心が消えてしまう。それでパッと和解してしまう。それが宗教の極意なんですね。

註　市川市菅野在住

宗教の極意

宗教の極意というものは、お前の心を直せ、お前の我儘を直せという風に教えるもんじゃなくて、神さまは愛なんだよ、神さまは愛なんだから、神さまにすがりさえすればいいんだ、と教えるんです。その神さまというのはどういう風に現われているかというと、祖先の悟った人が神さまの使いで自分を守っているんだよ、その上には神さまの分れである守護神が守っているんだよ。いつでも神さまは守りっきりに守っているんだから、神さま有難うございます、神さま有難うございます、というように、神さまだけに自分の心をまかせて、悪いことが起っても、癪にさわったら神さま有難うございます、口惜しかったら神さま有難うございます、妬み心が起ったら神さま有難うございます、怨み心が起ったら神さま有難うございます、淋しい心が起っても神さま有難うございます。なんでもいいから守護霊さん守護神さん有難うございます、というように、どうかお願い致します、というように、全部の想いを神さまの中に入れてしまう。そうすると神さまの光が自分に廻って来て、また祈られた人のほうに光が廻ってゆく。業の世界を一ぺん抜け出してしまう。光の世界へぬけ出していっちゃうと、みんな神の子になっちゃうんですね。

たとえばここに娘さんがいる。ためしに、お前の顔は汚ないね、お前の鼻は低いね、ってやってごらんなさい。有難うございます、っていわないでしょう。お前はおへちゃだな、磨いてもダメだよ、なんていったら嫌われちゃいます。あなたはいいな、綺麗だな、柔和だな、柔かい顔をしている、いい顔だ、っていってごらんなさい、その人を好きになっちゃうでしょう。

それと同じように、いいほうに認めればよくなるに決っている。何故ならば、本来、人間はいいのだから。人間は本来美しく、本来善なんです。本来まことなんです。その真であり、善であり、美なるものを、そうじゃないと否定しているんです。否定したところから起る、否定したものを認めたところから起ってくるんです。個人と個人があります。本来は命が一つなのに、あなたと私は一つなのに、別に分れて、個々に分れた他人だと思ったところから、他人になってしまった。

今は神の国が出現する一歩手前

昔、太古の民というのは神々なんです。だから心がお互いにわかりあった。だから向うの人もこっちの人も他人だとは思わない。みんな同じ命だと思っている。そうして大神さまに帰一していた。そういう形で生きていたんですね。だからその頃は争いがなかった。日本は大和の国といった。これは日本の名前じゃなくて世界の名前なんですね。大和の国だった。それが個々に分れてしまって、だん〳〵個人意識が強くなって、理屈が多くなって、国が分れたということになるんですね。しかしこれも大神さまのお考えの展開であって、最後には守護神をつかわし、守護霊をつくりあげ、人間世界をよくするようにチャンと仕組んであるんです。それで今、末法の世、最後に真実の神さまの世界がくる、神国が現われてくる手前まで来たので、業もスッカリ浮き上って来て、これがプッと上に全部いってしまうと、きれいに光一元の世界になるんです。今、その手前に来ている。

手前の教えが何かというと、守護霊守護神の教えと消えてゆく姿という教えなんです。消えてゆく姿というのは何かというと、人間というのは本来神さまの子であり、神さまの分れです。完全に神さまの分れである人間が悪い行いをするわけがない。そういう人間に不調和のことが出来るわけがない。不幸であるわけがないし、醜いわけがない、というのが原理なのです。

神さまは完全円満です。完全円満な神さまから不完全なものが出来るわけがない。完全なものから完全なものが出来るんです。瓜《うり》から茄子《なす》はならないし、かぼちゃから胡瓜《きゅうり》はならない、というように、完全なものから不完全なものが出来るわけはないでしょう。そうすると不完全じゃないというのが人間なんですね。神さまの子なんだから完全に決っている。絶対に決っている。ところが完全であるように決っているのに、完全でない。

それはどういうことかというと、完全でないという想いが長い間あって、それが溜りに溜ってしまって、完全でないように見えてしまった。この目が見えて来ちゃった。たとえば昔の人たちは暗いところで生活していましたね。明りがなかったでしょう。夜になれば暗闇ばかり歩いていた。だから目が暗闇でも物が見えた。ところがだんだん明りに馴れてきて、ローソクの光からガス燈の光、電気の光ととても明るくなってきましたね。そういう明るい光に馴れてしまうと暗いところは見えないでしょう。目が馴れてしまって視力が弱くなってしまった。それと同じように、昔は神さまの世界が見えた、感じられた。それが形の世界の、人間の業の世界ばかり見つめているものだから、だんだんその世界に馴れてしまって、神さまがだん〳〵見えなくなってしまった。

人間は神さまの子です

見えなくなってしまっただけであって、内なる神さまがなくなったわけじゃない。お互いの中にある神さまはなくなったわけじゃなくて、見えなくなっただけなのです。感じる力が弱くなったんですね。だからだん〳〵人間は悪いもんだと思い始めてしまった。今では殆んど人間なんか駄目だというのが多い。どうせ人間なんだもの、神さまじゃないんだもの、こういうでしょう。神さまなんかなれっこないとこういうんですよ。なれっこないじゃない。初めっから神さまなんだ。初めから神さまなのに、神さまになれっこないと思いこんじゃった。

そうじゃない。人間は神さまなんです。神さまの子なんです。完全円満なんです。しかし今は悪いように現われ、バカのように現われている。神さまからみたら肉体人間はバカでしょう。踊る神さまじゃないけれど、蛆虫《うじむし》どもや乞食どもでしょう。何がそう見えるかというと、想いが蛆のようになる。年中人の心を見ている、年中金のことを心配している、年中食うことを心配している。年中偉くなることを心配している。年中何かしら頭の中でグズグズいろんなことを思っている。そういう想いをみると、乞食のように見えるし、蛆のように見えるんですよ。

ただ神さま！　と本当に思う心がありますね。神さま有難うございます、と思える心は神の分け命なんです。だから全然神さまを思わない人は恐らく神さまではないでしょう。神さまの姿を現わしていないからね。神さま！　と思った時は、その人は神さまの命をそこに現わしている人なんです。だから神さま！　って思うことが多くなれば多くなるほど、その人に神さまの命が現われてくる。神さま有難うございます、といいながら泥棒をする奴はいないでしょう。神さまと思う時には悪いことはしたくない。神さまと思わない奴が悪いことをする。

業は想いのくせ

今まで悪い癖があって、怒りの癖があるとします。或いは妬みっぽいとします。怨みっぽいとします。そういう想いは業の想いであって、神さまの想いじゃないんです。神さまの心じゃないんです。神さまから離れている想いなんです。その想いは消えてゆく姿なんです。本当のものでなくて消えてゆく姿。何故ならばこの世は神さまだけしかないんだから。神さまの外《ほか》にあると思ったら間違いです。神さまはすべてのすべてなんですよ。神さまの他に悪魔があったりするとしたら、それは宗教ではなくなってしまうのです。

実際に悪魔なんか無いんです。悪魔というものは人間の想いなんです。勝手に悪魔のような想いがあるだけなんです。その想いも現われたら消えてゆく。今、あなた方が苦しんでいるとするならば、それは過去世において間違った想い、神さまから離れた、愛にそむいた想い、自分勝手な想いがあったものが、今現われて消えてゆく姿なんです。消えてしまいます。消えてゆくんだ、消えてゆくんだ、守護霊さま守護神さま有難うございます、とこういう風に思うと、自分の想いが守護霊さま守護神さまを通して、神さまの世界に入ってしまうから、それだけ自分の潜在意識がきれいになってゆくんですよ。きれいになってゆくから、その中の悪い想いはだん〳〵少なくなってくる。現われては消えてゆき、また現われては消えてゆく。

ですからこちらは、消えてゆく消えてゆくと思って、神さま有難うございますとやっていると、だん〳〵だん〳〵自分の中にある本当の神さまの分け命の想いが、光が出てくる。そうすると、その人が明るい、柔らかな、とてもいい人に見えてくる。うちに来ている人はそうですよ。みんな初めは吊り上ったような顔をして来ますよ。先生、あすの借金が（笑）なんてやって来ますよ。あゝ大丈夫ですよ、と返事する。先生大丈夫ってどこが大丈夫なんですかって文句いってくるのがあります。「どこをもって大丈夫っていうんですか」大丈夫じゃなければ死にゃいいだろう、ということになります。「私が折角、大丈夫だっていうのに、自分が大丈夫と思わないなら、勝手にしたらいいだろう」。突っぱねちゃう。そういわれちゃ困るんです。なんとか助けて下さい、というわけで、やってきているうちに、だんく\こう明るくなってくるんですよ。

未開発のキリスト

昭和32年11月10日　市川五丁目会館

おおもとの教え

人間は完全円満なものから現われたんだ、ということを身にしみて覚えることが大事です。それを教えるのが宗教なんです。それがなくなってしまうと宗教じゃないんですよ。お前の因縁が悪いんだ、お前の先祖が崇っているんだ、そんなの宗教じゃないんですよ。それは因縁教です（笑）。宗教というのはおおもとの教えということです。おおもとはどこかというと神さましかないんだ。初めに神があっただけなんです。神は即ち光なんです。光は即ち言《コトバ》なんです。

それは神道ではよく書いてあるんですよ。言《コトバ》なんですよ。天御中主神《アメノミナカヌシノカミ》から始まって、イザナギノ命《ミコト》、イザナミノ命とありますね。あゝいう神さまというのは、みな働きの名前なんです。神さまのひびきの名称、言《コトバ》なんですね。ことだまといいますね。言《コトバ》が働きになって、光の波が働いているんですよ。だから天界に往きますと光の波だけです。光の波が縦横に走っているんですよ。それが形に現われれば現われるんです。私はそれを見て来ています。まあ順々に話しましょうね。

自他の不完全を把えてはいけない

一番大事なことは、神さまは完全円満である、この世の中は神さましかないんだ、ということ。人間は神さまの子なんだから、完全円満なんだ、ということです。間違いなく完全円満なのです。

そういう風に先生いうけれど、戦争になったり、年中争っているのは完全円満じゃないでしょう？

それは想いなんです。神さまを離れた想いがそこにあって、それが映って現われているだけなんです。現われている中で、完全円満じゃない不完全なものを把えて、争いの波の中で、いくら良くしようと思ってもだめなんです。争いの波を本当だと思って、それでよくしようと思ったってだめなんです。

たとえば一家なら一家を見ても、夫を悪い夫と見ていて、いつまでも夫が悪いんだと思っている以上は夫はよくならない。子供なら子供をよくしようと思って、子供が悪いんだ悪いんだ、と思っている内は子供はよくならない。何故ならないかというと、自分が悪いのを摑んでいるからです。袋をかぶせて縛っておいて、袋をぬげぬげというのと同じで、袋を脱げないでしょう。まっ暗のところで、暗いぞ暗いぞ、と云っていたって明るくなりはしません。電気をつければ明るくなります。つまり明るい方ばかり見なければいけないんです。

だから夫なら夫の悪いものを摑んでいたら、絶対に夫はよくならない。妻なら妻の悪いものを摑んでいたら絶対によくならない。病気を摑んでいればよくならない。なんでも摑んだらよくならない。つかんだらだめなんです。何故だめかというと、つかんだら離せないからです。金が欲しい時に、金《かね》、金、金と金の想いばっかりつかんだらだめです。金のほうで逃げます。何故かというとそれは恐怖だからね。完全円満を認めてないんだから。

信仰もここまでくれば

神さまの完全を認めている人は、仮りに四十度の熱が出たって平気です。そんなの問題にしません。何故問題にしないかというと、完全円満ということを知っているから。四十度の熱が出てもそれは消えてゆく姿と思って恐れない。消えるに決まっているからね。病気をこわがって、あゝ病気だどうしよう〳〵と思う人と、あゝ病気なんか消えてゆく姿、私は完全円満なんだから間もなく消えてゆく、神さま有難うございます、そういうように思える人と、どっちが得でしょう。どっちが幸せかといったら、病気なんか平気のほうが幸せですね。

同じ貧乏の人でも、神さまを知らないで、あゝ貧乏でどうなるだろう、家中みんな餓え死しちゃうんじゃないか、一家心中でもしなければならないか、と思って脅えている人と、あゝ神さまは愛なんだから、神さまは完全円満なんだから、絶対に自分たちは一家心中なんてなることはない、餓え死することは絶対ないと思って、のん気に歌を歌って暮している人と、どっちが幸せかというと、心の平和のほうが幸せでしょう。

そこまで来ないと宗教にならないのです。いかなる貧乏の生活に追いこまれても、いかなる病気が現われても、心が恐怖しない、恐れない。そこまで来ないと本当の宗教になりません。恐れてくると、悪いことでもなんでもしちゃうんです。隣りの奴、お金を持っている、あすこで困らないから、あすこの炭俵一俵もらって来よう（笑）。ついでに中に入って、一寸一万円ぐらいとって来ちゃう（笑）そういうふうに、背に腹は替えられないというのがあるでしょう。うまい言葉だけども。

しかし神さまは背に腹は替えません。腹は腹、背は背です（笑）。なんど度もいうけれど、神さまは完全円満なんです。人間は完全円満なんです。現われているのは消えてゆく姿なのです。貧乏も病気も不幸も、怒りの想いも妬みの想いも、それは本当のものではないんです。消えてゆくものです。神さまから来ている本心が内にあって、ジーッと光り輝いているのです。

禅宗では坐禅をやります。なんのために坐禅をやるかというと、自分の内の仏さま、本心を出すため。坐禅をして何も想わないで、空になって、空になった時に光が出てくる、本心が現われてくるんだ、というわけですね。ところがなかなか空にならない。雑念ばかり起ってくる。たまには悟る人もある。けれど本格的に坐禅をする場合には、自分の家なんかじゃ出来ません。どこかお寺に行ってしなければやれない。私はそれでは一般の人々にむずかしいと思ったから、ただ歩いていても、寝ていても、ご飯を食べていても、便所にいっていても、お風呂に入っていても、なんでもいいから〝守護霊さん守護神さん有難うございます。守護霊さん守護神さん有難うございます。世界人類が平和でありますように、私どもの天命が完うされますように、有難うございます、有難うございます〟とおやりなさい、とやっているわけです。なんでもないでしょう。楽でしょう。立っていたっていいんだから、逆立ちしたって、何したっていいんですから。どんな格好をしたってかまいやしません。

神さま以外のことを思わない

何故かまわないかというと、形というものはただ現れに過ぎない。肉体は器です。中の本心というのは神さまなんです。ここに神さまが働いているんです。神さまが働いているんだから、神さま以外のことを思わなければいいんです。そうすれば神さまだけが出てくるんです。それを神さまだけのことを思わないで、いつも〳〵業のことだけ思っているんです。明日食えなくなりゃしないか、病気になりゃしないか。うちの子、風邪を引きゃしないか、今晩うちの亭主は帰らないのじゃないか、そんな余計のことを考えている。不安というものはみな業なんです。疑いというのも業なんです。神さまの心じゃないのです。それはみんな消えてゆく姿です。

もし疑いの心が出たら、あったら、疑いの心が起ったままでいいから、世界人類が平和でありますように、と祈ればいい。祈っていますと、疑いの心がだん〱消えてゆきます。やってゆけば消えるんですよ。想いが神さまの中に入ってゆく。するとだん〱不安がなくなってくる。私のところに来る人は、みんな私があまりしゃべらないで、柏手をポンポンと叩いただけで、お祈りしなさい、といわれますと、はじめはなんだかわからない。わからないけれども、世界平和の祈りをやろう、と祈っています。初めはわからなくてもだん〱やっていると、なんだか気持がよくなってくる。なんだか不安がなくなってくる。その内に病気が治ってきたり、家庭の中がよくなったりしてくるんです。それは何故かというと、想いが神さまの中に入っちゃうから、悪い想いがなくなってしまう。

今の石川さんの体験そうですね。守護霊さん守護神さんに任せてしまう。話をするんでも任せてしまう。商売に行くんでも任せてしまう。何をするんでも守護霊さん守護神さんと任せてしまうもんだから、気が楽ですよ。ここへ来て話をするんでも気が楽です。どこかへ商売に行くんでも気が楽です。気が楽になったらノイローゼが治るわけでしょう。神経衰弱というものは神経が把われているからです。商売がうまく出来ないんじゃないかしら、自分がどうなるんじゃないかしらと思う、心配の想いが神経症になるんでしょう。その心配する想いを神さまに任せちゃったんだ。心配は神さまのほうへ行っちゃったでしょう。自分のところにはないわけです。神さまは完全円満だから心配なんかシューッと消してくれます。それだから人前に出ても堂々と立派に話が出来るでしょう。いい証人ですよね。

その場その場で心を任せる

たとえば剣道をやっていても、どこをぶとう、ここをぶとうと思って把われた時は、もうぶたれちゃってます。ぶとうもぶたないもないんです。ただ日頃修練したものがそこに現われて、自然にパーンと打てるんです。お相撲さんがそうです。あまり有利に組んで、しめたなんて思うと、やられちゃうんです。しまったと思ってもやられる。無念無想で倒すんですね。アナウンサーがよく聞いていますね。勝った相撲さんをつかまえて〝関取、調子よかったですね。手はどういう手でやろうと思って、どういうふうに投げました?〟わかるもんですか。投げた人は瞬間だからね。日頃の修練が瞬間にパッとゆくんですから、わかりません。エエエッと笑ってますよ。バカなことを聞くと思うんです。どうやってこうやって投げたなんていうことはないんです。咄嗟に投げるんです。咄嗟に投げるというのはどういうことかというと、その場その場で任せてある。その任せた境地が勝利を得るんです。心が把われたら負けるんです。

弓なら弓をやるんだって、的《まと》ばっかり狙っていたらダメです。的も何もなくなって、的と自分が一つになった時、パッと当る。合気道の植芝先生じゃないけれど、誰にも負けないというんでしょう。何故なら自分には敵がないから、自分は宇宙と一つだから誰にも負けないんだ。実際に負けたことがない。四人かかっても十人かかっても、みんな素っ飛んじゃうんですね。向うが掛ってくれば、掛ってくる力でもって素っ飛んじゃう。何故かというと、こっちは全然敵を見てない。神さまだけしか見てない。要するに空《くう》なんです。宇宙と一つなんだから。宇宙と一つの人に敵いっこないでしょう。宇宙と一つということはどういうことかというと、神さまと一つということです。

ですから、神さまのことをいつも思っていれば、貧乏も不幸も病気もその人を侵《おか》すことが出来ないんです。いかなる貧乏の波が押し寄せてこようとも、いかなる不幸の波が押し寄せて来ようとも、いかなる病魔が押し寄せてこようとも、それはその人を侵すことは出来ない。何故ならば、その人は神さまの世界にいるから、神さまの世界は完全円満で悪いものはないんですよ。

神界にいる自分

私の修業時代『天と地をつなぐ者』[註]に書いてありますけれども、坐禅観法のように統一していたんです。そうしますと、スーッと体が無くなっちゃう。

〝ひたすらに神を想ひて合はす掌《て》のそれさへ消えてただに青空〟

という歌が『神と人間』[註]にありますね。あれは実際に私が味わったことなのです。統一して

註　五井先生の自叙伝

いますと、スーッと身体が澄み透って青空そのもののような、青さに溶けてなくなっちゃうんですよ。なくなってしまった時に、自分の体が光の柱にのって、ズーッと上に昇ってゆくんです。ズーッとなんともいえない高さまで上ってゆくんです。そうすると、ちゃんと私がそこにいるんですからね。こっちにいる私が一人います。ところが天にも私がいるんです。その私がパッと合体して、それからまた降りて来た。それから私はすべてわかるようになったんですよ。あゝあの人は何を思っているってすぐわかるようになった。

註　巻末図書案内を参照

こんどは神さまさえ呼ばなくなっちゃった。こっちの自分と天の自分と一つになったからです。天に自分がいるんです。それは神さまの世界です。どういう世界かというと、どこでも全部見渡せるんです。世界中くまなく見えるんです。面白いんですよ。全部みえるし全部わかる。そういう世界にみんなもいるんです。誰も彼もいるんです。いるのにいないと思っているだけなんですよ。自分が知らないんです。それで自分は肉体の中にいると思っている。そして一尺ぐらいしか歩けないと思っている。今は一尺ぐらいしか歩けないいんですよ。そうじゃないんだ。

この足は一尺しか歩いてないけれども、心はどこまでもゆける。心はアメリカにでもすぐゆけます。イギリスにでもどこでも行けます。たとえば私がここでソビエトのことを思うとします。ブルガリアへの進攻などすぐわかる。フルシチョフもこうやって思えばわかります。だからソビエトのいろんなことも前からわかっていますよね。何故わかるかというと、一ぺんにとんでいっちゃうからね。私の命、魂というものは、一ぺんにソビエトはおろか、アメリカはおろか、どこへでも行けるんです。なぜ行っちゃうか。何故いけるか。それは自分がないからです。自分の業というものがないから、自分の肉体がないから、心だけしかないから、こうやってなんでもわかる。

先生、この人はどういう人でございましょう。あゝそれはこれこれこういう人です、とわかる。何故わかるかというと、向うと一つだから。命の波を伝わってゆくからね。人工衛星が一時間三十何分かで地球を廻るでしょう。そんなもの遅いもんですよ。人間の心なんか一瞬でもって世界を廻っちゃうでしょう。金星や火星にある宇宙船というもの、空飛ぶ円盤ですね、あれは心を使っているからサーッといっちゃうんです。心というものはもう無限万里を一ぺんにゆくんです。一瞬にしてゆけるんですよ。

それが神界というところなんです。神界というところは、一ぺんにどこへでも行けるんです。いながらにしてゆけるんです。そういう世界にみんないるんですよ。いながらにして行ける世界にいながら、いないと思っている。それでこの肉体でいると思っている。そうして困った、どうしようあゝしようとやっている。どうしようも、あゝしようもありゃしない。向うじゃちゃんと決っている。決っているんだから、こっちの肉体の人間は、どうしようもあゝしようもないから、神さまの思召しが、天のみ心が地になりますようにと思っていればいい。キリスト教的にいえばみ心の天の如く地にならせ給え、それは、世界人類が平和でありますように、と同じでしょう。世界が平和であることは宇宙が平和なんです。宇宙が平和であることは神さまのみ心なんです。

祈っている時光輝いている

火星でも金星でも進化して、喧嘩なんかしてないんです。地球の肉体人間とは違うけれど、火星にも金星にも人間がいます。お互いに一つ命であることがわかっていて、仲よくやっているんです。この太陽系の世界では地球が一番低いんです。地球だけが馬鹿みたいに喧嘩しているんです。だから地球だけが平和になれば宇宙は平和になるんですよ。地球が平和になるにはどうしたらいいかというと、兄弟が喧嘩しないこと。世界が平和になるためには、アメリカとソ連が喧嘩しないこと。

ところが皆さんがアメリカの指導者でもなければ、ソビエトの指導者でもないから、それは出来ないでしょう。今、日本がどんな知恵を働かしてどんな工作をしても、アメリカとソビエトが厳然として力をもっている以上は、世界はどうにもならないです。アメリカ、ソビエトの力に対抗するものは何んにもありません。対抗するものは何かといったら、対抗を絶した力、神さまの力よりないんです。絶体絶命の神の力が実際にある。すべてのすべてである神の力きりしかない。ソビエトはあゝやって人工衛星をあげて得意になって、アメリカを抑え、すべてを抑えて自分の権力を握ろうとする姿、アメリカの威張っている姿、それは業の現れであって本物じゃない。これは消えてゆく姿で、やがて消えてゆきます。みんな消えてしまいます。ということはどういうことかというと、そういう人たちがなくなってしまう。抑える姿がなくなる。

なくすのは何かというと、神さまの光なんです。神さまの光が地上界にたくさんさわりなく流れてゆく、太陽の光のように流れてゆけば、そういう間違った想い、思っている頭がきれいに掃除されるんですよ。人を倒しても自分が伸びてゆこうというのがあるんだから、業がなくなってしまえば自分と人とは同じに見える。アメリカとソ連とは同じに見えるんです。実際のところそう見えない。日本人だってみんな思っているでしょう。敵だ味方だそういう想いは全部業の想いなんです。業の想いでいくらどうしようと思ったってダメだから「神さま有難うございます、世界人類が平和でありますように、日本が平和でありますように、私どもの天命が完うされますように、守護霊さん守護神さん有難うございます」それをいつもいつもやっていれば、唱えていれば、そのところに光り輝いた太陽のような光が入ってくるんです。そうすると、自分の体が肉体だけの体であったものが、ズーッとひろがって、無限にひろがってゆくんです。そして光がまわりにふりまかれてゆくから、自分のそばに来た人はみんな光に打たれてゆく。そして少しづつでもみんなよくなってゆく。それより他に方法はないんです。

祈り以外に方法はない

祈りより他に方法はない。祈りとは何かというと、人間の命を神さまのもとにお返しすることです。神さまと合体させることです。神さまと一つになる、天地一体となる、神我一体となる、そういうことが祈りなんです。そういう祈りなくして他のことをどんなにやってもダメです。祈りの他になんにもない。祈りから始まって祈りに終るんです。祈りながら仕事をする。

祈りながら政治をする、祈りながら事業をする、そうすると本当の世界がこの地上界に出来てくる。

もうそれは絶対なのです。何故絶対かというと、この世の中は神さまきりないんだから。だから神さまだけを求めればいいものを、それを神さまでない業の世界にみんな入って、ワアワアと、あゝじゃないこうじゃない、とやっているんですよ。白光十一月号（昭和32年）の宗教[註]問答に書いていますが、私は世界平和の祈りをやっているけれど、一生懸命やっている人と違うんじゃないか、私は大光明に救われないんじゃないか、という質問がありますね。それに私が答えていますね。

そんなことはありませんよ。昔、法然《ほうねん》上人が南無阿弥陀仏と唱えていた時に、信者さんが、上人の南無阿弥陀仏と私のような未熟者の南無阿弥陀仏とでは効果が違うんじゃないですか、と聞くんです。そうすると法然上人は、同じだと答えたんです。何故同じかというと、南無阿弥陀仏を世界平和の祈りに変えましょうね。同じとしてね。世界平和の祈りというものは、自

註　巻末図書案内を参照

分の業の想いがしているんではないのです。自分が未熟であるとか、自分が信仰が薄いとか、そういうような想いがしているのではなくて、世界平和の祈りをしようと思う時には、自分の中の本心、神さまと、天にある神さまはつながっているんです。つながっているのだから、そのままにして置きさえすればいいんですよ。一念の念仏というのがありますね。一念、念仏すればそれでいいんだといいます。

あなたも救世の大光明の一員

世界が平和でありますように、という想いになった時には、世界平和の大光明の救世主の団体と自分がつながってしまったんだから、自分は光の子になっている、だから上手《うま》いもまずいも、へったくれもありゃしないんです。そのまま世界平和の祈りをやってさえいればいいです。自分はダメなんだという想い、自分の信仰は浅いからダメだとか、先生は出来るけれど自分は出来ない、という想いが業の想いなんです。それは消えてゆく姿です。先生もあなた方もみんな同じところにいる。全然同じなんだ。全然同じなのに、皆さんはそれを知らない。

アメリカを見て来た人は、アメリカはあるよあるよ、といっても、行かない人はそんなものあるかな〳〵と思ったでしょう。恐らく徳川時代ならばそうでしょう。どこか外国へ行った人がこういう国があるといっても、本当にしない人も随分あったと思います。ところが行った人は、あるんだよ、お前だって行けるんだよ、行けるというでしょ。なのに、私なんか行けません、というのと同じですよ。神さまの国がちゃんとある。あるんです。あって自分が、みんながいるんです。それを私は知らせたくて、どうやって知らせようかなと思っている。これは言葉でなか〳〵表現しにくい。

みんな光明燦然として、何不自由なく暮しているんです。何不自由なく暮している皆さんがいるのに、こっちは不自由して暮している。どういう不自由かというと、自分はこれだけしか財産がないと思いこんでいる。自分は力がないと思いこんでいる。自分は貧乏だと思いこんでいる。自分は弱いと思いこんでいる。その思いこんだだけ弱いんだ。それは業であって、消えてゆく姿です。何故ならば、人間は神の子であって、神さまの世界にいるんだから、なんでも出来ないものはない。しかし出来ないものはないって頑張ったってしょうがないでしょう。それで一旦想いを下げて、罪悪深重の凡夫で、私の肉体ではなんにも出来ません、どうもいくら先生がいって下さっても出来ない。お前は神の子だといわれても、神の子だと思えません。カメの子ぐらいじゃないかしら（笑）。だから神さまになかなか遠いようだと思うだろうと思って、それじゃ先祖の悟った霊の守護霊さんを思いなさい、というんです。

神さまの処に運んでくれる守護霊さん

守護霊さん守護神さんと思っていれば、守護霊さんがあなたを神さまのところまで運んでくれますよ、あなたの想いを神さまのところまで運んでくれますから、守護霊さん有難うございます、守護神さん有難うございます、と思いなさいとこういうんですよ。なかなかうまく説明しているんですよ。あなたは天にいるんですよ、本当にいるんです。ただ梯子がないから登れない。そこで守護霊さん守護神さん有難うございます、世界人類が平和でありますように、とやって、連れていってもらい、登っていっちゃう。何べんも何べんもやっていると、完全に世界平和の中に入ってしまいます。そうすると神さまの中に入ってしまいます。

うちへ来ている古い人はみんなそうですよ。安心立命している。子供が風邪ひいても大して心配しません。仕事がうまくゆかなくても何も心配しません。みんな消えてゆく姿です。最近来た人でもそうです。石川さんだってそうでしょう。昭和二十八年から四年ぐらいですね。禅宗や何かのお寺に入ってごらんなさい。四年や五年でもってあの境地にいってはいませんから。四、五年やって、坐って空、空、空とやっていても、どうにもならなくなって山を降りて来ます。そんなもんですよ、難かしいからね。私のは易しい。商売していてもいいんだもの、肉を食っちゃいけないなんて言わない。肉でも刺身でもなんでも食べて下さい。食いたいものを食いなさい、やりたいことをやりなさい、ただ守護霊さん守護神さん有難うございますということと、世界平和の祈りを忘れなさんな、いつも守護霊さんに感謝していなさい、これだけなんですよ。あとはみんな現われてくることは消えてゆく姿なのです。ということは空《くう》と同じなんです。

消えてゆく姿と空《くう》

消えてゆく姿というのは、この世の現われているのは本物じゃないということなんですよ。この世に現われていることはみんな空なんだ、空だと思うと、空即是色《くうそくぜしき》といって、空から色《しき》が生れてくる。色というのは本当の光です。空になると光が生れてくるんだ、本当の神さまの光が降りてくるんだ。しかし空になることはむずかしいから、守護霊さん守護神さん、という梯子をかけて登ってゆきなさい。どん〳〵どん〳〵登ってゆけば、空になってくるんだ、と説いているんです。そうすると神さまのところへ行っちゃいます。一ぺん神さまのところに行くと、再び落っこちないんです。アッと思い出してまた行くんです。何か業が出て来て、大丈夫かなと思っても、あゝそうじゃない消えてゆく姿だ、とチャンと上れるんです。

そんな風にいつでもいつでも、エレベーターの代りに、エスカレーターの代りに、守護霊さん守護神さんを使うんですよ。守護霊さんお願いしますトントントン守護神さん／トントントンと上ってゆけばいい。そうすると向うにちゃんと神の宮があるんですよ。天照大神がいるんです。自分の直霊が天照大神と一緒になっているんです。それは宇宙神と同じところにいるんです。

未開発のキリスト

イエスという人は肉体に生れましたね。イエスということと、キリストということは別なんですよ。イエスというのは例えば五井昌久というのと同じです。キリストというのは真理ということです。神ということですね。イエスがキリストになったんですよ。十字架にかかって、サア私が肉体の業を背負ったから、みんなはもう罪はないんですよ、私が代りにやりましょう、と預言の通りに十字架にかかったんだからね。イエスがキリストになって昇天したんでしょう。

それで復活してきたんでしょう。それでイエスは神の右に坐しているというんでしょう、神さまのところにいるんですよ、そういうことになっているでしょう。

それと同じように、私も神さま、命を神さまに捧げます、どうか人類のために私をお使い下さい、といって渡しちゃったら、キリストになったんです。皆さんもキリストなんだ。ただ知らない。私はキリストじゃない、切りすてでしょうなんて（笑）。ところがみんなキリストなんです。ただ未開発のキリストなんです。未開発の神さまなんです。自分の業というもの、とやかく思い惑う想いをなくすれば、消してしまえば、消えてゆく姿と思えば、キリストになってしまうの。みんな神さまなの。あ、それなのにそれなのに、というわけなんですよ。

あとがき

当時、お話の会場は、千葉県市川市、東京千代田区神田、保谷市、それに埼玉県大宮市であった。五井先生は浅草の生れだから、いわゆる東京なまりがある。私も東京生れなので何《なん》にも感じないけれど、東京生れ以外の方には耳なれない言葉づかいがあるかもしれない。今あなたも会場に坐って、先生のお話を聞いているという臨場感を味わって頂きたい、という気持から、なるべく話言葉に忠実を心がけたのである。ご了承願いたい。

昭和32年10月24日、神田神保町区民館の会場に、敬愛する合気道創始者植芝盛平先生が、はじめてお見えになり、それ以来、五井先生と肝胆相照らすおつきあいとなった。

なおエミール・ギレリスのことは〝大天才ピアニスト、エミール・ギレリス〟という詩になって御著『いのり』に収められているので、ご一読を乞う。

末筆ながら、木村晋さん、小園幸子さん、前田実千代さんのご協力に感謝する次第である。

高橋　英雄

著者紹介：五井昌久（ごいまさひさ）

大正５年東京に生る。昭和24年神我一体を経験し、覚者となる。白光真宏会を主宰。祈りによる世界平和運動を提唱して、国内国外に共鳴者多数。昭和44年、ブラジルの権威ある団体より、宗教と哲学の探求者、世界平和のために努力し、熱烈なる運動を展開する人道的思想家としてコメンダドールの称号と勲章を受く。昭和55年８月帰神（逝去）さる。

著書に「神と人間」「天と地をつなぐ者」「小説阿難」「老子講義」「聖書講義」「五井昌久全集」など多数。

素直な心

定価はカバーに表示してあります。

昭和55年７月25日　初版
令和元年９月20日　11版

著者　五井昌久
発行者　吉川讓
発行所　白光真宏会出版本部
〒418-0102　静岡県富士宮市人穴812-1
電話　0544(29)5109
FAX　0544(29)5122
振替　00120·6·151348

印刷・製本　大日本印刷株式会社

乱丁・落丁はお取替いたします。　d 2

ISBN978-4-89214-217-8